ラク! おいしい!

## フリージング離乳食

管理栄養士　牧野直子

西東社

# 離乳食で心も体もすくすく、たくましく

私は仕事がら、保健センターや小児科で行われる乳幼児健診で、お母さんたちから栄養相談を受ける機会を持っています。

「何を食べさせていいのかわからない」
「離乳食をせっかく作ったのに食べてくれない」
「同じようなメニューばかりで栄養が足りてるのか不安……」

初めての子育ては、わからないことの連続です。ミルクをあげてオムツを替えて、遊んで眠らせて、ようやく慣れてきたころに、今度は離乳食が始まります。大人の食事とは別に、さらに離乳食を作るのは、本当に大変。ましてや赤ちゃんの食べる量は、ほんの少し。食材を切ってゆでて、つぶして、冷まして、食べさせようと思ったら、赤ちゃんの機嫌が悪くて食べてくれない、なんてことが続いたら、お母さんは本当に困ってしまいます。

ですから、私は離乳食こそフリージングを活用してほしいと思うのです。数食分をまとめて作って、使うときに解凍するだけ。本書の1週間の献立を参考にしてフリージングをしてもらえば、時間も食材も有効に使えますし、栄養もしっかりとることができます。

もちろん、赤ちゃんが相手ですから、思うように離乳食が進まないことも多いとは思います。もし、赤ちゃんが思うように食べてくれなかったら、表情を見て声をかけてみてください。

「あれ、これはすっぱいのかな？　違うものを食べてみようか」など、その日はお話をするだけでも十分です。コミュニケーションによっても赤ちゃんの心は成長していくものです。

うまくいかなくても、長い目で見て、焦らずゆっくりと進めていってもらえればと思います。

「食べる力＝生きる力」。

フリージング離乳食を通して、赤ちゃんの体も心もすくすくとたくましく育っていくことを願っています。

牧野直子

# 目次

そろそろ離乳食。
準備をして、スタートです!!  ……6

## Part 1 離乳食とフリージングの基本

- 離乳食ってなあに? ……8
- 離乳食の進め方 ……10
- 離乳食に必要な栄養 ……12
- フリージングでラクラク離乳食 ……14
- 組み合わせて活用する便利な常備食材 ……17
- 離乳食の基本レシピ ……18
- この本の使い方 ……20

## Part 2 おすすめ食材とフリージング献立

### ゴックン期 5〜6か月ごろ

- 1食分の量とかたさ ……22
- おすすめ食材 おいしいフリージング方法 ……23
- 1〜2週めの献立 ……24
- 3〜4週めの献立 ……26
- 5〜6週めの献立 ……28
- 7〜8週めの献立 ……32
- ステップアップの目安 ……36
- ゴックン期のQ&A ……40、41

### モグモグ期 7〜8か月ごろ

- 1食分の量とかたさ ……42
- おすすめ食材 おいしいフリージング方法 ……43
- 1〜2週めの献立 ……44
- 3〜5週めの献立 ……48
- 6〜8週めの献立 ……54
- ステップアップの目安 ……60
- モグモグ期のQ&A ……52、58、64、65

## カミカミ期 9〜11か月ごろ

- 1食分の量とかたさ ……… 66
- おすすめ食材 おいしいフリージング方法 ……… 67
- バリエーションがグンと広がる お手製ソース2種 ……… 68
- 1〜2週めの献立 ……… 73
- 3〜5週めの献立 ……… 74
- 6〜8週めの献立 ……… 79
- 9〜12週めの献立 ……… 84
- ステップアップの目安 ……… 90
- カミカミ期の Q&A ……… 78、83、88、95
- ……… 94

## パクパク期 1歳〜1歳6か月ごろ

- 1食分の量とかたさ ……… 96
- おすすめ食材 おいしいフリージング方法 ……… 97
- 1〜6週めの献立 ……… 98
- 7〜12週めの献立 ……… 104
- 13〜18週めの献立 ……… 109
- 19〜24週めの献立 ……… 114
- ステップアップの目安 ……… 120
- パクパク期の Q&A ……… 108、113、118、125
- ……… 124

- 簡単冷凍おやつ ……… 103
- 便利な取り分けレシピ ……… 119
- お助け冷凍主菜 副菜レシピ ……… 126

- COLUMN 1 食物アレルギーのこと ……… 53
- COLUMN 2 調味料はどのくらい使える? ……… 59
- COLUMN 3 歯みがきはいつから? ……… 72
- COLUMN 4 赤ちゃんとの外食 ……… 89
- COLUMN 5 歯ブラシで歯をみがこう ……… 102

特別付属 切り取って使える

**時期別 1食分の目安量 早見表 & 食べていいもの・悪いもの チェックシート**

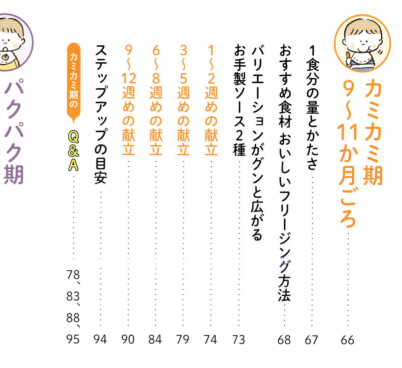

## そろそろ離乳食。
## 準備をして、スタートです!!

　赤ちゃんの体が大きくなるにつれて、母乳やミルクだけでは不足する栄養が出てきます。けれども、いきなり大人と同じ食事ができるほど赤ちゃんの体は成長していません。そこで、その栄養を食べ物でとっていく、そのための準備期間が離乳食。赤ちゃんの発達に合わせて、消化しやすい食材を選び、調理をして与える必要があります。また、生まれてから離乳食を始めるまでは、「飲む」ということしかしてきませんでしたが、離乳食では「飲み込む」「つぶす」「かむ」ことで、食べ物を「食べる」ことができるようになります。それに合わせて味覚も発達します。赤ちゃんの舌は大人よりも繊細なので、食材の味をダイレクトに感じることができます。この時期だからこそ、さまざまな食材を与えて、赤ちゃんと一緒に食事を楽しんでみましょう。大人が食べている様子をじっと見つめたり、お口をもぐもぐ動かしたり、よだれをたらしたり……。赤ちゃんの「食べたい」気持ちが見えたら、そろそろ離乳食スタートの合図。体の成長とともに「食べることって楽しいな」と思う気持ちを育んでいきましょう。

Part **1**

# 離乳食とフリージングの基本

少量の離乳食は、まとめて作って冷凍しておけば、
調理の手間がはぶけて簡単になります。買ってきた食材を新鮮なうちに
加熱調理して、安全で衛生的に冷凍する方法を紹介します。

# 離乳食ってなあに？

赤ちゃんは消化器官や舌の動きが未熟で、すぐに大人と同じ食事は食べられません。発達段階に合わせた離乳食で練習をしましょう。

## 1. 母乳・ミルクの液体から食事に移る練習が離乳食

これまでは母乳やミルクから栄養をとっていた赤ちゃんが、いよいよ「食べる」ことで成長に必要な栄養を吸収していきます。しかしまだ、赤ちゃんの消化機能は発達段階にあって、舌やあごなども上手に動かすことができません。そのため約1年をかけて、離乳食を通して食べる練習をしていきます。

## 2. 発達に合わせて4つの時期に分けます

赤ちゃんの成長に合わせてスタートからゴールまで4期に分けられます。離乳食を始める5〜6か月ごろを「ゴックン期」、7〜8か月ごろを「モグモグ期」、9〜11か月ごろを「カミカミ期」、1歳〜1歳6か月ごろを「パクパク期」とします。

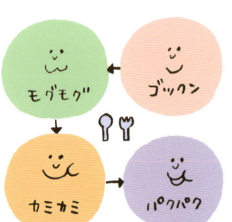

## 3. 舌の動きや胃腸の発達に合わせて形状を変えます

離乳食を4つの時期に分けるのは、赤ちゃんの舌の動きや消化機能の発達に合わせて、離乳食の形状を変化させていくためです。「ゴックン」と飲み込む練習をするゴックン期、舌と上あごで「モグモグ」と食べられるようになるモグモグ期、歯ぐきで「カミカミ」できるようになるカミカミ期、歯ぐきや前歯でかんで、「パクパク」食べるパクパク期、という具合に、段階を踏むことで食べることに慣れていき、離乳食から幼児食に移行していきます。

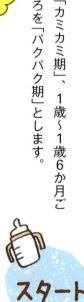

スタート

### 5〜6か月ごろ
**唇を閉じて「ゴックン」期**

「ゴックン」と飲み込む練習期間。まずは小さじ1杯から。スプーンでポタージュ状のものを下唇に運んであげましょう。

### 7〜8か月ごろ
**舌と上あごで「モグモグ」期**

豆腐くらいのかたさの食べ物を舌でつぶして「モグモグ」と食べるようになります。食材、メニューが増えてきます。

## 始める前に知っておきたい離乳食のこと

**フリージングの基本**

### いつから始めるの？
### 5〜6か月ごろ、食べたいサインを感じたら

赤ちゃんの体が、母乳やミルク以外のものを消化吸収できるようになるのは、生後5〜6か月ごろ。この時期に食べ物に興味を示したり、大人の食事を見て口をモグモグ動かしたり、よだれを出したりするサインが見えたら、離乳食を始めます。

### 月齢は目安！
### 赤ちゃんの様子を見ながらそれぞれのペースで

「ゴックン期」「モグモグ期」「パクパク期」「カミカミ期」の4段階におよその月齢をあげましたが、これはあくまでも目安です。赤ちゃんによって、成長もまちまちですし、日によって食欲の増減もあります。月齢に合わせた食事をできていないからといって焦る必要はありません。赤ちゃんのペースで進めましょう。

### どんな様子に気をつける？
### 初めての食材はアレルギーに注意して

食材によってアレルギーを発症することがあります（→P53）。特にたんぱく質を多く含む卵や乳製品は注意が必要です。初めて与える食材は、まずは小さじ1杯を与えて様子を見るようにします。食べさせる時間帯は午前中に。もし、湿疹が出てきたり様子がおかしいと思ったら、すぐにかかりつけ医に連れていきましょう。

### うまく進むか心配
### 食事の楽しさを伝えることも大切

離乳食は成長するために不可欠ですが、大きくなるためだけのものではありません。離乳食は、これからの食生活のベースになるもの。朝昼晩と1日3食、きちんと食事をとる習慣づけにもなりますし、食事＝コミュニケーションの場として楽しむこともできます。うまく進むか心配な気持ちもわかりますが、食を通して、親子で楽しい時間を共有するのも、離乳食の大切な役割です。

---

**ゴール**

**1歳〜1歳6か月**

### 歯と歯ぐきで「パクパク」期

手づかみ食べが上手になり、肉団子くらいのかたさの食べ物を歯ぐきでかみつぶしたり、前歯でかみ切れるようになります。

**9〜11か月ごろ**

### 歯ぐきで「カミカミ」期

バナナくらいのかたさの食べ物を歯ぐきでかみつぶすことができるようになります。かむ練習の時期ともいえます。

# 離乳食の進め方

赤ちゃんの成長に合わせて離乳食の回数や食材の大きさ、かたさも変化していきます。

| | 5〜6か月ごろ（ゴックン期） | 7〜8か月ごろ（モグモグ期） |
|---|---|---|
| 時期 | **よだれが多くなる**<br><br>支えなくてもお座りができるようになり、周りのことに関心を持ち始めます。大人の食べる様子をじっと見たり、よだれが出ていたり、口を動かす仕草が見えるようになります。 | **午前と午後の2回食に**<br><br>ハイハイができるようになり、後追いが始まる子も。離乳食に慣れてきて、1日1〜2回、意欲的に食べて、ヨーグルト状の食べ物を、口を閉じて飲み込めるようになります。 |
| 回数 | 離乳食1回 ＋ 母乳・ミルク5〜6回 | 離乳食2回 ＋ 母乳・ミルク5〜6回 |
| 食べ方 | 腰がすわっていないときはひざの上に乗せたり、抱っこをしても。初めは下唇にスプーンを乗せてあげるようにします。口を開けたら、スプーンを軽く差し入れましょう。 | 食事のときはいすに座らせて、下唇にスプーンを乗せて与えましょう。口を閉じて、食べ物を飲み込めているかどうかを確認します。 |
| かたさ・1回の目安量 |  たんぱく質　豆腐：5〜25g　魚：5〜10g<br> ビタミン・ミネラル　野菜：5〜20g<br> 炭水化物　10倍がゆ：5〜40g<br>最初はそのまま飲み込めるようなポタージュ状からスタートし、徐々にヨーグルト状のベタベタした状態に移行します。主食は10倍がゆです。 |  たんぱく質　豆腐：30〜40g　肉・魚：10〜15g　乳製品：50〜70g　卵：黄身1個〜全卵1/3個<br> ビタミン・ミネラル　野菜：20〜30g<br> 炭水化物 前半 7倍がゆ：50g<br> 後半 5倍がゆ：80g<br>舌でかみつぶすことができる豆腐くらいのかたさが目安です。野菜はみじん切りにして、食感はやわらかくなるように調理します。主食は7倍がゆから5倍がゆです。 |

※たんぱく質食材の1回の目安量は、食材をどれか1種類を選んだ場合の量です。

## フリージングの基本

### 1歳～1歳6か月ごろ（パクパク期）

#### 食後のミルクを飲まなくなる

歩き始める子も出てきます。3回食に慣れてきて、自分から食べ物を手でつかもうとする意欲も。食べ物を前歯でかみ取ったり、歯ぐきでかみつぶして食べられるようになります。

**離乳食3回＋おやつ1～2回**
＋
**牛乳またはフォローアップミルク1～2回**

赤ちゃん用のスプーンやフォークを用意して、食事のときに渡すようにしましょう。手づかみ食べがしやすい形状のメニューにすることで、赤ちゃん自身で食べる習慣づけを。

**たんぱく質**　**ビタミン・ミネラル**　**炭水化物**

豆腐：50～55g　　野菜：40～50g　　軟飯：90g（前半）
肉・魚：15～20g　　　　　　　　　　ご飯：80g（後半）
乳製品：100g
卵：全卵½～⅔個

歯ぐきでかめるゆで卵の白身くらいのかたさが目安です。前歯でかじり取ることができるようなメニューも用意するとよいでしょう。主食は軟飯から大人と同じご飯です。

### 9～11か月ごろ（カミカミ期）

#### 大人と同じ1日3回食に

つかまり立ちができるようになり、母乳やミルクの量が減ってくる時期です。食べ物を舌でつぶして食べられるようになります。3回食に進めることができます。

**離乳食3回**
＋
**母乳・ミルク4～5回**

歯ぐきでカミカミできるようになります。意欲的に手でつかもうとするので、洋服やテーブルの周りを汚してもいいような環境を整えるとよいでしょう。

**たんぱく質**　**ビタミン・ミネラル**　**炭水化物**

豆腐：45g　　野菜：30～40g　　5倍がゆ：90g（前半）
肉・魚：15g　　　　　　　　　　軟飯：80g（後半）
乳製品：80g
卵：全卵½個

歯ぐきでつぶせる程度で、バナナくらいのかたさが目安です。あまりやわらかいとかむ練習にならないので、やわらかすぎないように。主食は5倍がゆから軟飯です。

# 離乳食に必要な栄養

炭水化物食材、ビタミン・ミネラル食材、たんぱく質食材の3つの栄養素からバランスよく組み合わせていきましょう。

## 栄養バランスは9か月くらいから意識しましょう

### 9～11か月ごろ（カミカミ期）
**1日のうちで3つの栄養素を**

食べられる食材が増えて、1回に食べる分量もだいぶ増えてきます。1日3回食になるので、トータルで3つの栄養素をバランスよくとるようにしましょう。

### 5～6か月ごろ（ゴックン期）
**まずは慣れることを最優先に**

この時期は、おっぱいやミルクからほとんどの栄養を得ているので、離乳食からの栄養バランスはまだ考えなくても大丈夫。まず食べ物に慣れることを最優先します。

### 1歳～1歳6か月ごろ（パクパク期）
**全体にバランスのいい食事に**

この時期になると、栄養のほとんどを離乳食からとるようになります。1回で食べる量も増えるので、栄養のかたよりがないようさらに心がけましょう。

### 7～8か月ごろ（モグモグ期）
**たんぱく質の分量に気をつけて**

この時期の赤ちゃんはまだ消化吸収能力が未熟なため、たんぱく質を多くとってしまうと、内臓に負担をかけてしまいます。目安量を超えないようにして与えましょう。

---

## 炭水化物食材（主食）

体や脳、内臓を動かす力の元になる炭水化物を多く含む食材には、ご飯、パン、めん類、いも類などがあります。

◆ おすすめ食材 ◆

### 1歳～1歳6か月ごろ
軟飯～ご飯を食べるようになります。そばはアレルギーが出ることがあるので、この時期にはまだ食べさせません。もちも詰まる可能性があるので避けましょう。

### 9～11か月ごろ
お米は5倍がゆ～軟飯を食べるようになります。スパゲッティはよくゆでて、短く切って食べます。

### 7～8か月ごろ
お米は7～5倍がゆにして食べます。そのほか、うどん、なども。食パンは添加物の少ないものを。

### 5～6か月ごろ
消化、吸収がよいので、離乳食は10倍がゆから始めます。米のほかにも、いも類やバナナなども食べられます。

ご飯

（そば、もち以外は○）

スパゲッティ

そうめん

食パン

うどん

10倍がゆ
じゃがいも
バナナ

## フリージングの基本

### ビタミン・ミネラル食材（副菜）

ビタミン・ミネラルは免疫力をアップさせたり、皮膚や粘膜を強くします。積極的にとりたい食材です。

• おすすめ食材 •

| 1歳～1歳6か月ごろ | 9～11か月ごろ | 7～8か月ごろ | 5～6か月ごろ |
|---|---|---|---|
| 食物繊維が豊富なきのこ類やおかひじきなどのシャキシャキした食感のものも食べられるようになります。 | いんげんや根菜などの野菜や、カットわかめやひじきなどミネラル豊富な海藻類も食べられます。 | かぶやなすなどは皮をむいて、指で押しつぶせる程度にして与えます。青のりなどでミネラルを摂取します。 | 口当たりのよいポタージュ状になるものを選びます。ほうれん草など、繊維があるものは取り除いて与えます。 |

しいたけ

おかひじき

いんげん / カットわかめ

かぶ / なす

にんじん / ほうれん草

### たんぱく質食材（主菜）

筋肉や血液を作るたんぱく質を多く含む食材には、肉類、魚介類、卵、大豆製品など。油分の少ない食材から始めます。

• おすすめ食材 •

| 1歳～1歳6か月ごろ | 9～11か月ごろ | 7～8か月ごろ | 5～6か月ごろ |
|---|---|---|---|
| さばやかじきなど油分多めの食材やえびなどが使えます。刺身（生食）は絶対NG。豚肉は赤身肉やひき肉はOK。 | あじやいわしなどは小骨に気をつけて使います。ぶりもOK。鶏もも肉や牛肉なども食べられます。 | 魚類は少し油分のある鮭やまぐろ、肉類は鶏のささみやひき肉はOK。卵（黄身のみ）はよく火を通します。 | 消化吸収のよい豆腐から始めます。慣れてきたら、塩抜きをしたしらすや白身魚の鯛などを使います。 |

さば

豚赤身肉

ぶり

鶏もも肉

鮭

鶏ひき肉

豆腐

しらす

# フリージングでラクラク離乳食

離乳食の調理の基本と、作ったものの冷凍、おいしく食べる解凍の手順を紹介します。

## フリージングアイテム

**小分け容器**
15～100mlくらいまで、さまざまなサイズの容器があります。冷凍したい分量のサイズに合った容器を選びましょう。

**冷凍用保存袋**
食材の形を選ばずに冷凍ができます。空気を抜いて密封してから冷凍庫へ。

**ラップ**
汁気のないものならラップで包みます。匂い移りを防ぐために、冷凍用保存袋に入れてから冷凍庫へ。

**製氷皿**
だし汁や野菜スープなどの液体の冷凍に。ふたつきを選びます。製氷皿によって1個あたりの分量が違うのであらかじめ計量しておきましょう。

## 調理に必要な道具

**小鍋**
分量が少ないので、小さい鍋を用意。ふたつきがおすすめ。

**小さめのフライパン**
フッ素樹脂加工がしてあるものが焦げつかなくて便利。

**おろし器**
セラミック製は匂いや色がつきにくくおすすめ。裏に滑り止めがついていると便利です。

**すり鉢・すりこぎ**
分量が少ないので、すり鉢とすりこぎは小さいほうがベター。洗う手間も少なくてすみます。

**はかり**
1回の目安量をはかって分量を覚えておくとよいでしょう。

**計量スプーン**
よく使う大さじ（15ml）と小さじ（5ml）を用意しておくといいでしょう。

**離乳食調理器具セット**
離乳食作りに必要な一式がセットで売られています。小ぶりなので使いやすいです。

あると便利！

## フリージングを活用して安心手作り！

赤ちゃんが1回に食べる分量は少ないので、その都度調理するより、まとめて作って冷凍したほうがラクです。調理道具は通常サイズよりも小さめがおすすめです。あらかじめ量をはかって冷凍しておけば、そのまま解凍して食べることができて、料理にも使えます。

また、フリージングには量や形状に合わせて小分け容器や保存袋を何種類か揃えておくと便利です。選ぶときは、冷凍や電子レンジで使用できるかを必ず確かめてから買うようにしましょう。

冷凍・電子レンジOK

## フリージングの方法

**フリージングの基本**

### ●小分け容器の場合

**①計量して容器に入れる**
ご飯、パン、めん類は調理が終わったら、1回分の分量をはかって容器に入れます。野菜、肉、魚は調理前に分量をはかっているので等分にして入れます。

**②ふたをして冷凍する**
おかゆ、ご飯は温かいうちに入れてふたをします。野菜、肉、魚は冷ましてから。ラップの場合はきちんと密閉します。製氷皿もしっかりとふたを閉めましょう。

### ●冷凍用保存袋の場合

**①回数分に分ける**
調理が終わったら、保存袋に入れて薄くのばし、空気を抜いて密閉します。菜箸などを使って、1回分ずつ筋目をつけていきます。

**②冷凍する**
冷凍庫で冷凍します。使うときは、筋目のところを手で折り、1回分を取り出して使います。

## 基本の調理方法

**●すりおろす**
大根やにんじんなどの根菜類やりんごなどのかための食材は、包丁で切るよりもすりおろしたほうが、舌触りがよくなり食べやすくなります。

**●すりつぶす**
食材をゆでたり、蒸したりしてやわらかくしたら、熱いうちにすり鉢に入れてすりこぎを押しつけてつぶします。すり鉢に食材がついてしまうため、少し多めに食材を準備するといいでしょう。

**●裏ごしする**
すりおろしたり、つぶしたりするよりも、なめらかに仕上がります。食材をやわらかくゆでてから裏ごしをしましょう。

**●そのほかの調理方法**
赤ちゃんが食べやすいように、薄皮を取ったり、繊維や筋を断ち切ったりすることが必要です。月齢に合わせ、みじん切りや角切りなど切り方やサイズを変えましょう。

### 加熱調理したあとよく冷まして冷凍

離乳食は大人の食事と違い、やわらかくなめらかにしなければいけません。そのため、冷凍する前に、食材にひと手間を加える必要があります。

食材は買ったその日に調理するのが基本です。必ず加熱調理をしてから、食べやすいように形状を整えたら、おかゆ以外はしっかり冷ましてから容器や袋に移し、冷凍庫へ入れます。熱いままだと蒸気が容器にこもり、霜になって味が落ちる原因になります。冷凍したら1週間を目安に使い切るようにしましょう。

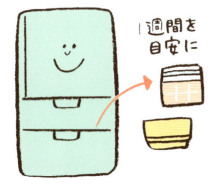

1週間を目安に

# 解凍の方法

## ●加える水分が多い場合

### 水分と一緒に加熱する

加える水分（だし汁や野菜スープなど）が多い場合は、小鍋やフライパンに水分を入れて煮立て、冷凍したままの食材を加えて加熱。ほぐしながら調理していきます。

## とろみをつけて食べやすく

### ①かたくり粉を入れる

解凍した食材にかたくり粉を少量ふりかけ、電子レンジで10〜20秒加熱します。

### ②混ぜる

加熱したらすぐによく混ぜましょう。加熱後放置するとダマになってしまいます。かたくり粉の成分が溶けて食材にとろみがつき、食べやすくなります。

## ●電子レンジで加熱する場合

### ①水を入れる

電子レンジで加熱すると水分が蒸発しやすいので、加熱する前に、水を少々入れるとふんわりと仕上がります。水の代わりに料理によってはだし汁や野菜スープを加えてもOKです。

### ②加熱する

電子レンジ対応の小分け容器なら、ふたを少しずらしてのせます。密閉した状態で加熱すると、中の空気がふくらんで、破裂してしまうことがあります。

### ③混ぜる

電子レンジで加熱したら、加熱ムラがあるといけないので、全体を混ぜ合わせましょう。冷たいところがあった場合は、さらに10〜20秒加熱して、よく混ぜましょう。

## 電子レンジと鍋で加熱する方法は

フリージングした食材を解凍する方法は、電子レンジを使う場合と小鍋やフライパンで加熱する場合があります。加える水分量（だし汁や野菜スープなど）によって使い分けるといいでしょう。雑菌の繁殖を防ぐためにどちらも冷凍のまま加熱・解凍をします。おいしく解凍するキーポイントは水分です。水分を足すことで、パサパサせずになめらかに仕上がります。また、初期のころは解凍したあとにかたくり粉でとろみをつけることで、食べやすくなります。

組み合わせて活用する

# 便利な常備食材

フリージングの食材と常備している食材をうまく組み合わせて、レパートリーを増やしましょう。

フリージングの基本

## ● たんぱく質

### 鮭缶
熱湯をまわしかけて、塩分を抜いてから使いましょう。

### 牛乳
最初は加熱して使います。1歳を過ぎたら飲むこともできます。

### 豆腐
なめらかな食感の絹ごし豆腐がおすすめ。加熱して使います。

### ツナ缶
油漬けではなく、水煮タイプを使用。細かくほぐして与えます。

### プレーンヨーグルト
砂糖不使用のプレーンタイプのヨーグルトを使います。

### 納豆
ひき割り納豆が便利。添付のタレは使いません。

### あさり缶
熱湯をかけて塩分を抜いて使用。添加物不使用タイプを選んで。

### スライスチーズ
塩分や油分が多いので、少量だけ使うようにします。

### すりごま
ごまの皮はかたくて消化しにくいので、すりごまにして。

### かつお節
うま味があるので、ふりかけるだけで風味がアップします。

### カッテージチーズ
高たんぱくで低脂肪。味のアクセントにもなります。

### 麩
すりおろしたりカットして使います。保存期間が長いので便利。

### 卵
初期は黄身にしっかりと火を通して少量を。白身は慣れてから。

### 粉チーズ
塩分や油分が含まれているので、少量だけふりかけます。

### 油揚げ
下ゆでをし、油抜きしてから使うようにします。

## ● ビタミン・ミネラル

### カットわかめ
塩蔵わかめは塩分が多いので、乾燥わかめにしましょう。

### 青のり
ミネラルが豊富で風味づけにも使うことができます。

### りんご
食物繊維が豊富で、腸の働きを整える効果があります。

### みかん
薄皮は消化しにくいので、むいてから与えます。初期は果汁から。

## ● 炭水化物

### 食パン
冷凍もできますが、常備しておいてもOK。添加物の少ないものを。

### ロールパン
バターが含まれているため、1歳以降から食べるようにします。

### バナナ
糖質を含むエネルギー源。初期の段階から食べられます。

### コーンフレーク
プレーンで無糖タイプ、塩分の少ないものを選びましょう。

### 使い方のポイント
**塩分、油脂、添加物などに気をつけて**

冷凍したおかゆや野菜などに、家にあるこれらの食材をプラスすることで、味に変化をつけたり、栄養をプラスすることができます。塩分や油脂、添加物などの記載をよく確認してから使うようにしましょう。

# 離乳食の基本レシピ

離乳食の主食となるおかゆ。さらに、だし汁や野菜スープなどの作り方をマスターすれば、味のバリエーションも増えていきます。

## ①おかゆ

米から鍋で炊くよりも、炊き上がったご飯から作るほうが、簡単に作ることができます。水分が少なくなってもおかゆの作り方は同じです。まずは10倍がゆからスタートしましょう。

### ●おかゆの場合（写真は10倍がゆの作り方です）

**①ご飯と水を入れる**
鍋にご飯と分量の水を入れて、中火にかけます。

**②混ぜる**
ご飯をよくほぐしながら、沸騰させます。

**③ずらしてふたをする**
沸騰したら弱火にして、ふたを少しずらしてのせ、なるべくかき混ぜず、10分ほど煮ます。

**④できあがり**
火を止めたら、ふたをしたまま約10分蒸らします。

### おかゆ〜ご飯の水分量の進め方

| 種類 | 10倍がゆ | 7倍がゆ | 5倍がゆ | 軟飯 | ご飯 |
|---|---|---|---|---|---|
| 時期の目安 | 5〜6か月ごろ（ゴックン期） | 7〜8か月ごろ（モグモグ期） | 7〜8か月ごろ（モグモグ期）から9〜11か月ごろ（カミカミ期） | 9〜11か月ごろ（カミカミ期）から1歳〜1歳6か月ごろ（パクパク期） | 1歳〜1歳6か月ごろ（パクパク期） |
| 1回の目安量 |  30〜40g | 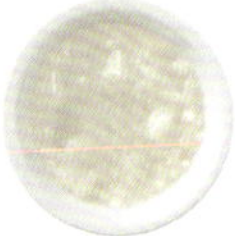 50g |  80〜100g |  80g | 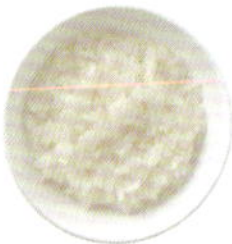 80g |
| 作りやすい分量（ご飯、米と水の比率） | ご飯100〜130g+水2〜2と½カップ（ご飯1：水4） | ご飯200g+水3カップ（ご飯1：水3） | ご飯250〜280g+水2と½〜2と¾カップ（ご飯1：水2） | ご飯300g+水1と½カップ（ご飯1：水1） | 米1合+水1と⅕カップ（米1：水1.2） |
| できあがり量 | 300〜400g | 480g | 450〜500g | 450g | 350g |

### ●パンがゆの場合（食パン8枚切り1枚、水⅗カップ）

**①パンを入れる**
鍋に耳をカットした食パン1枚を細かくちぎって入れます。

**②水にひたす**
水⅗カップを入れてしばらく置きます。

**③煮る**
弱火にかけてとろとろになるまで煮たら、できあがりです。

> **与え方のポイント**
> **おかゆの代わりにパンがゆでもOK**
> 食パンは水にひたすとなめらかな口当たりになるため、食べやすいパンがゆになります。水で作る代わりに、粉ミルクや牛乳を使ってミルクがゆにしてもよいでしょう。

## ②だし汁と野菜スープ

離乳食は調味料をほとんど使わないため、だし汁や野菜スープのうま味がおいしさの秘訣に！ 冷凍しておいても便利です。

フリージングの基本

### ●かつおだしの場合（水2カップに対し、かつお節1カップ）

**①かつお節を入れる**
鍋に水2カップを入れて沸騰させ、かつお節1カップを一気に入れます。

**②ほぐす**
ほぐしながら火にかけ、ひと煮立ちしたら、火を止めます。

**③こす**
こし器（またはざる）を使ってこします。冷蔵庫へはしっかりと冷ましてから入れましょう。1週間ほどもちます。

### ●こんぶだしの場合（水2カップに対し、こんぶ15cm程度）

**①こんぶを入れる**
こんぶの表面をしっかりとふきんで拭いてから、鍋にこんぶ15cmと水2カップを入れます。そのまま30分ほど置きます。

**②できあがり**
火にかけて、沸騰する直前にこんぶを取り出します。冷蔵庫へはよく冷ましてから入れましょう。1週間ほどもちます。

### ●野菜スープの場合
（水2カップに対して、野菜100g程度）

**野菜を煮る**
たまねぎ、にんじん、じゃがいもなどの野菜100gと水2カップを鍋に入れて、弱火でアクを取りながら約15分煮て、こします。

### ●冷凍する方法

**製氷皿で固形に**
冷ましたら、同じ分量ずつ製氷皿に入れ、ふたをして冷凍します。かたまったら、冷凍用保存袋に入れ替えます。

### ●だし汁・野菜スープの使い方

だし汁や野菜スープを常備しておくことで風味が増し、赤ちゃんもおいしく食べられます。冷凍したものは必要な分を取り出して、そのまま料理に使えるので便利。

野菜スープを取ったあとの野菜は、離乳食の時期に合わせて、ペースト状にしたり、小さく刻んで利用します。下ごしらえとスープ作りが同時にできます。

# この本の使い方

この本では、フリージングを活用してできる手作り離乳食のレシピを紹介しています。食材の調理法や組み合わせはアレンジができますので、この本を使って楽しい離乳食作りをしてください。

| 離乳食4つのステップと月齢 | 食材の栄養素の色分け |
|---|---|
|  5～6か月ごろ（ゴックン期） | ● 炭水化物食材 |
|  7～8か月ごろ（モグモグ期） | ● ビタミン・ミネラル食材 |
|  9～11か月ごろ（カミカミ期） | ● たんぱく質食材 |
|  1歳～1歳6か月ごろ（パクパク期） | |

## 月齢ごとのおすすめ食材をチェック！

この時期に赤ちゃんが食べやすく、調理しやすいおすすめの食材を紹介しています。
食材ごとのレシピのページものせていますので、おうちにある食材で作りたいときはそのページのレシピを参考にしてみてください。

● **食材の写真**
それぞれの月齢に合った食材の写真です。形状や切り方などを参考にしてください。

● **下ごしらえのポイント**
食材をいちばんおいしく、食べやすく冷凍できる、下ごしらえのポイントです。味つけや調理法など、覚えておくと離乳食作りに役立ちます。

● **冷凍の仕方**
いちばん適した冷凍方法です。

● **レシピページ**
食材が余ってしまった場合などは、食材ごとのレシピを参考にしてみてください。

## おすすめ食材を組み合わせて献立完成！

おすすめ食材の中から食材を選んで、1週間分（7食分）の献立を作ります。常備食材も上手に組み合わせてみましょう。

● **用意する食材**
おすすめ食材から選んだ7日分の献立を作るのに必要な食材です。

● **常備食材、調味料・油**
おすすめ食材と組み合わせて使用するおうちで常備している食材、調味料・油などです。

● **献立**
献立は1～7日めで表示しています。主食・主菜・副菜とそれぞれわかるように、アイコンで表示しています。

● **食材の栄養素**
炭水化物食材は黄土色、ビタミン・ミネラル食材は黄緑、たんぱく質はオレンジで表示しています。

### そのほかのルールについて

- 計量の単位は1カップ200㎖、大さじ1は15㎖、小さじ1は5㎖です。
- 電子レンジの加熱時間は600Wで作る場合の目安です。500Wの場合は約1.2倍にしてください。
- オーブントースターは1000Wで作る場合の目安です。ご使用の機種によって調理時間を調整してください。
- 炭水化物のできあがり量は水分量や調理の仕方などによって多少変わる場合があります。
- 調味料の砂糖は三温糖、小麦粉は薄力粉、塩は精製塩、しょうゆは濃口しょうゆを使用しています。
- 本書のレシピはアレルギーのない赤ちゃんを対象にしています。初めて食べる食材は必ず小さじ1杯から与え、様子を見ましょう。

Part 2

# おすすめ食材とフリージング献立

赤ちゃんの成長に合わせて、食べやすく消化によい食材と、
栄養面でバランスのとれた食材をピックアップ。
その食材を組み合わせて作る、1週間（7日分）の献立例を紹介します。

# 5〜6か月ごろ

## いよいよ離乳食開始！まずはひとさじから

ゴックン期

赤ちゃんによって離乳食を始める時期や進み方、食べる量はまちまちです。子どものペースに合わせて、様子を見ながら焦らずにゆっくりと進めていきましょう。いよいよ離乳食がスタート。まずはひとさじからです。

### スタート時期は？ 赤ちゃんが食べ物に興味を持ち始めたら

月齢が5〜6か月になって、大人が食べる食事に興味を示したり、口をモグモグと動かしてよだれが出るようであれば、離乳食をスタートしてみましょう。最初は赤ちゃんのご機嫌のいい午前中に始めます。

初めに食べさせる食材の場合は、アレルギーがないことを確かめるためにも小さじ1杯を与えて様子を見るようにしましょう。嫌がったり、口を開けないようであれば無理に与える必要はありません。一度中断してから、再度赤ちゃんの機嫌のいい日に食べさせてみましょう。

### 食べられるかたさは？ トロトロのポタージュ状からベタベタのヨーグルト状へ

おっぱいやミルクなどの液体しか飲んだことのない赤ちゃんが初めてとる食事は、トロトロしたポタージュのような状態にして飲み込みやすくしましょう。飲み込むことに慣れてきたら、少し粘度をあげてベタベタのヨーグルト状にします。

### 食べさせ方は？ 赤ちゃん自身が食べ物を口の中に取り込めるように

一人でお座りをするのが不安定であれば、ママのひざの上に抱っこをした状態で、赤ちゃんの上半身を安定させて食べさせます。

赤ちゃん用の小さなスプーンを下唇に軽く当てて、口を開いたらスプーンを口の中に優しく入れて、赤ちゃんが自分で食べ物を取り込むのを待ちましょう。取り込めたらスプーンを抜きます。最初はゆっくり進めていきましょう。

### あげる量は？ ひとさじ与えてゴックンとできているか様子を見て

まずはひとさじ与えてみましょう。初期はゴックンと飲み込むことができればOK！　赤ちゃんに最初に食べさせる食材の場合は、ひとさじから始めて、赤ちゃんと飲み込むこと

大人のひざに抱っこして

### 1日のタイムスケジュール例

- ●**回数**：最初は1日1回、慣れたら2回に。
- ●**あげるタイミング**：1日の授乳タイムのうち1回を離乳食に。午前中がおすすめです。
- ●**授乳タイム**：離乳食後に欲しがるだけおっぱいやミルクを与えます。

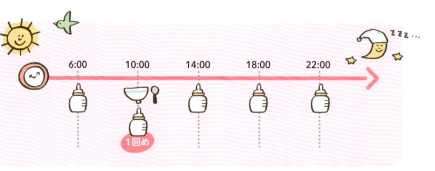

# 実物大！1食分の量とかたさ

この時期の食事は栄養をとるのが目的ではなく、ゴックンと飲み込む練習がメイン。上手に飲み込めているかを確認します。

5〜6か月

### たんぱく質食材

#### 豆腐ペースト

絹ごし豆腐を電子レンジで加熱して、やわらかくすりつぶします。どろっとした状態のものをまずはひとさじから与えます。

●食べられる食材例●

しらすや鯛などの白身魚をペースト状にして与えましょう。刺身を加熱して使うと便利です。

### 炭水化物食材

#### 10倍がゆ

10倍がゆを作ります。ドロドロ状のものを最初はひとさじから食べさせて、少しずつ増やしていきましょう。

●食べられる食材例●

じゃがいもやさつまいものペーストもエネルギー源に。食パンはアレルギーの有無を確認するため少量から。

### ビタミン・ミネラル食材

#### にんじんペースト

皮をむいたにんじんをやわらかくゆでたら、包丁を寝かせてペースト状にすりつぶします。はじめはひとさじから与えましょう。

●食べられる食材例●

かぼちゃ、ほうれん草、トマト、たまねぎなどやわらかくゆでて与えます。

**Point**
- 量　はじめは小さじ1から
- かたさ　ポタージュ状
- 調理法　加熱後、すりつぶす

管理栄養士からのアドバイス

「ゴックン！」と自分の力で飲み込むことができることが重要です。与えるものは、ドロドロ状にして口当たりのよい状態にしてあげましょう。

※このまま1食分の献立にもなります。

# 5〜6か月ごろの おすすめ食材

ゴックン期

おいしいフリージング方法

10倍がゆからスタートし、慣れてきたらペースト状にした野菜や魚など、消化しやすい食材をプラス。アレルギーにも気をつけながら、少しずつ進めます。

## ビタミン・ミネラル

### かぼちゃ

- **材料** かぼちゃ 80〜100g
- **1回の目安量** 15〜20g

① 種、わたを取り除き、皮つきのまま水からゆでる。
② やわらかくなったら、皮を除き、裏ごしをする。
→ レシピ P32、34、35

ゆでてから皮をカット

4等分して小分け容器で冷凍

### たまねぎ

- **材料** たまねぎ（皮をむいたもの）70〜90g
- **1回の目安量** 15〜20g

① 縦半分に切り、水からゆでる。
② やわらかくなったら、1枚ずつ包丁で繊維に沿ってそぐ。
→ レシピ P33、35

繊維を取り除く

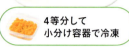

4等分して小分け容器で冷凍

### トマト

- **材料** トマト 70〜90g
- **1回の目安量** 15〜20g

① 皮は熱湯で湯むきをする。
② 4等分に切って種を取り除き、裏ごしをする。
→ レシピ P33、34、35、37、38

皮と種は取り除く

4等分して小分け容器で冷凍

**下ごしらえポイント**

**トマトは裏ごしせずに冷凍してもOK**

トマトは冷凍すると皮がスルッとむけて便利。8等分に切って熱湯でゆでて種を取り除き、ラップで包んで冷凍。凍ったまますりつぶしたり、切って使えます。

## 炭水化物

### 10倍がゆ

- **材料** ご飯 100〜130g　水 2〜2と1/2カップ
- **1回の目安量** 30〜40g

① 鍋に水とご飯を入れ、ほぐしながら中火にかける。
② 沸騰したら弱火にし、ふたを少しずらして、なるべくかき混ぜず、10分ほど煮る。

水分が多くトロトロの舌触り

10等分して小分け容器で冷凍

### じゃがいも

- **材料** じゃがいも（皮をむいたもの）120g
- **1回の目安量** 30g

① 半分に切り、水からゆでる。
② やわらかくなったら、裏ごしをする。
→ レシピ P29、30、31

裏ごしをしてなめらかに

4等分して小分け容器で冷凍

## たんぱく質

### しらす

| 材料 | しらす 40g |
| 1回の目安量 | 10g |

① ざるに入れて、熱湯をまわしかけ、粗熱を取る。
② すりつぶしてペースト状にする。
→ レシピ P29、30、31、32、33、35、37、39

塩分を取り除く

4等分して小分け容器で冷凍

#### 下ごしらえポイント

**塩分は湯通しして取り除く**

ざるにしらすを入れ、熱湯をまわしかけると塩分が抜けるので、必ず行いましょう。軽く水けをきってからすりつぶします。

---

### ほうれん草

| 材料 | ほうれん草の葉先 60〜80g |
| 1回の目安量 | 15〜20g |

① 熱湯でやわらかくゆでて、水にさらす。
② 水けをきり、包丁で葉脈に沿ってそぎ、刃で叩き、つぶす。
→ レシピ P28、29、30、31

葉先のみを使う

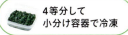
4等分して小分け容器で冷凍

#### 下ごしらえポイント

**葉脈を取り除くと食べやすくなる**

ほうれん草はゆでたあと、包丁で叩いてつぶすだけでなく、葉先部分を包丁で葉脈に沿ってそぐと、筋っぽくならずに、より食べやすくなります。

---

### 5〜6か月

---

### 白身魚

| 材料 | 白身魚（鯛などの刺身）40g |
| 1回の目安量 | 10g |

① 沸騰した湯に魚を入れて、中まで火を通す。
② すりつぶしてペースト状にする。
→ レシピ P33、34、35、37、38、39

中までしっかり火を通す

4等分して小分け容器で冷凍

#### 下ごしらえポイント

**切り身でなく刺身が便利**

離乳食は少量なので、刺身を使うと便利です。骨の心配もなく、下ごしらえもラクチンです。

---

### にんじん

| 材料 | にんじん（皮をむいたもの）60〜80g |
| 1回の目安量 | 15〜20g |

① 縦半分に切り、水からゆでる。
② やわらかくなったら、1cm幅くらいに切り、包丁を寝かせて押しつぶす。
→ レシピ P29、30、31、38、39

細かく切る前にゆでる

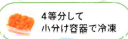
4等分して小分け容器で冷凍

#### 下ごしらえポイント

**なめらかな舌触りにするひと工夫**

指でつぶれる程度のかたさまでゆでてから、包丁を寝かせて押しつぶすと、舌触りがなめらかになり、下ごしらえもスムーズ。

ゴックン期
5〜6か月ごろ

# 1〜2週めの献立

いよいよ離乳食デビュー！まずは裏ごしした10倍がゆから。

## Step 1 離乳食スタート！
### 10倍がゆ小さじ1からスタート

初めて食べ物を口にする赤ちゃんにとって、裏ごしした10倍がゆは、消化吸収しやすく最適な食材です。赤ちゃん用のスプーンでひと口与え、ゴックンと飲み込んだことを確認したら、ふた口めをあげるようにしましょう。

**管理栄養士からのアドバイス**
10倍がゆは、必ず人肌程度に冷ましてから口に入れましょう。熱すぎ、冷たすぎは赤ちゃんが嫌がる原因に。

## Step 2 野菜をプラス

10倍がゆを小さじ3杯（15g）くらい食べられるようになったら、ビタミン・ミネラル食材である野菜を追加しましょう。野菜も初めは小さじ1からスタートです。初めての食材を与えるときは必ず小さじ1杯から様子を見ましょう。

**管理栄養士からのアドバイス**
野菜は、にんじん以外にも、かぼちゃ、たまねぎ、トマト、ほうれん草などでもOKです。

## Step 3 たんぱく質をプラス

ビタミン・ミネラル食材である野菜に慣れてきたら、たんぱく質食材である豆腐ペーストをプラスしましょう。たんぱく質はアレルギーが出やすい食材なので、初めて食べさせるときは、しっかりと様子を見るようにしましょう。

**管理栄養士からのアドバイス**
豆腐に慣れてきたら、すりつぶした白身魚などでもいいですが、たんぱく質は目安の量を守ってください。

## 用意する食材はコレ！

裏ごしした10倍がゆから炭水化物を、にんじんペーストからビタミン・ミネラルを、豆腐ペーストからたんぱく質を摂取します。

### 炭水化物
**10倍がゆ**
5〜30g
ご飯5〜30g、水大さじ2〜¾カップを電子レンジで1分加熱して10分蒸らし、裏ごしします。

### ビタミン・ミネラル
**にんじん**
5〜15g
にんじん5〜15gは皮をむき、電子レンジで40〜50秒加熱して冷まし、裏ごしします。

### たんぱく質

**豆腐**
5〜10g
絹ごし豆腐5〜10gをさっと湯に通してからすりつぶし、湯でのばしてポタージュ状にします。

― 実 物 大 ―

離乳食は小さじ1（5mℓ）が基準

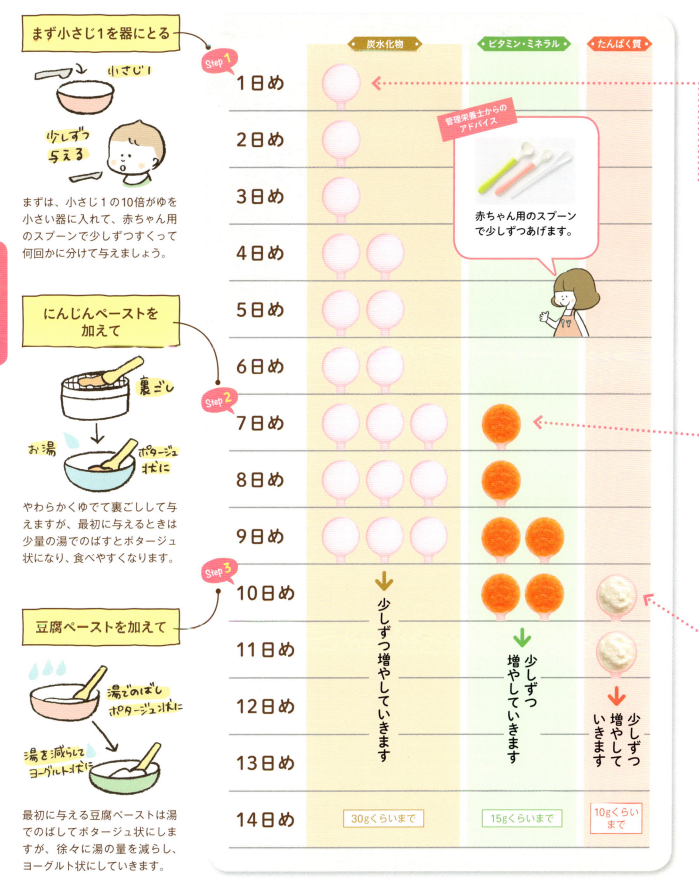

ゴックン期
5〜6か月ごろ

> フリージング開始！ 初めての食材は混ぜずに与えます。

# 3〜4週めの献立

\用意する食材はコレ！/

### 炭水化物

**10倍がゆ**
30〜40g×4回分
➡P24

**じゃがいも**
30g×3回分
➡P24

### ビタミン・ミネラル

**ほうれん草**
15〜20g×4回分
➡P25

**にんじん**
15〜20g×3回分
➡P25

### たんぱく質

**しらす**
10g×3回分
➡P25

### ＋ 常備食材

**豆腐**
25g×4回分
5〜6か月ごろはなめらかな舌触りの絹ごし豆腐を使う。

**かたくり粉**
適量
とろみづけに使う。

### 調味料・油
● 使わない

## 10倍がゆ

●10倍がゆ 30〜40g

10倍がゆに水少々をふり、電子レンジで40〜50秒加熱してよく混ぜる。

## 豆腐ペースト

●豆腐 25g

① 豆腐をさいの目に切り、沸騰した湯に2分入れてゆでる。
② なめらかになるまですりつぶす。

## ほうれん草ペースト

●ほうれん草 15〜20g

ほうれん草に水少々をふり、電子レンジで20〜30秒加熱してよく混ぜる。

1日め

Point! 必ずゆでて殺菌を

豆腐ペースト 主菜

10倍がゆ 主食

ほうれん草ペースト 副菜

## 2日め

5〜6か月

10倍がゆ 主食
しらすペースト 主菜
にんじんペースト 副菜

### 10倍がゆ

● 10倍がゆ 30〜40g

10倍がゆに水少々をふり、電子レンジで40〜50秒加熱してよく混ぜる。

### しらすペースト

● しらす 10g

しらすに水少々をふり、電子レンジで20〜30秒加熱してよく混ぜる。

### にんじんペースト

● にんじん 15〜20g ＋ ● かたくり粉 少々

① にんじんに水少々をふり、電子レンジで20〜30秒加熱してよく混ぜる。
② ①にかたくり粉を加え、電子レンジで10〜20秒加熱してよく混ぜる。

### じゃがいもペースト

● じゃがいも 30g

じゃがいもに水少々をふり、電子レンジで20〜30秒加熱してよく混ぜる。

### 豆腐ペースト

● 豆腐 25g

① 豆腐をさいの目に切り、沸騰した湯に2分入れてゆでる。
② なめらかになるまですりつぶす。

### ほうれん草ペースト

● ほうれん草 15〜20g

ほうれん草に水少々をふり、電子レンジで20〜30秒加熱してよく混ぜる。

## 3日め

ほうれん草ペースト 副菜
じゃがいもペースト 主食
豆腐ペースト 主菜

Point! 筋っぽくなく食べやすい

## 4日め

ほうれん草ペースト 副菜
じゃがいもペースト 主食
しらすペースト 主菜

### じゃがいもペースト

じゃがいも 30g

じゃがいもに水少々をふり、電子レンジで20～30秒加熱してよく混ぜる。

### しらすペースト

しらす 10g

しらすに水少々をふり、電子レンジで20～30秒加熱してよく混ぜる。

### ほうれん草ペースト

ほうれん草 15～20g

ほうれん草に水少々をふり、電子レンジで20～30秒加熱してよく混ぜる。

### 10倍がゆ

10倍がゆ 30～40g

10倍がゆに水少々をふり、電子レンジで40～50秒加熱してよく混ぜる。

### 豆腐ペースト

豆腐 25g

1 豆腐をさいの目に切り、沸騰した湯に2分入れてゆでる。
2 なめらかになるまですりつぶす。

### にんじんペースト

にんじん 15～20g ＋ かたくり粉 少々

1 にんじんに水少々をふり、電子レンジで20～30秒加熱してよく混ぜる。
2 ①にかたくり粉を加え、電子レンジで10～20秒加熱してよく混ぜる。

## 5日め

にんじんペースト 副菜
豆腐ペースト 主菜
10倍がゆ 主食

Point! かたくり粉でとろみをつけて

## 6日め

しらすペースト 主菜
10倍がゆ 主食
ほうれん草ペースト 副菜

5～6か月

### 10倍がゆ

●10倍がゆ 30～40g

10倍がゆに水少々をふり、電子レンジで40～50秒加熱してよく混ぜる。

### しらすペースト

●しらす 10g

しらすに水少々をふり、電子レンジで20～30秒加熱してよく混ぜる。

### ほうれん草ペースト

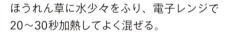
●ほうれん草 15～20g

ほうれん草に水少々をふり、電子レンジで20～30秒加熱してよく混ぜる。

### じゃがいもペースト

●じゃがいも 30g

じゃがいもに水少々をふり、電子レンジで20～30秒加熱してよく混ぜる。

### 豆腐ペースト

●豆腐 25g

❶豆腐をさいの目に切り、沸騰した湯に2分入れてゆでる。
❷なめらかになるまですりつぶす。

### にんじんペースト

●にんじん 15～20g ＋ ●かたくり粉 少々

❶にんじんに水少々をふり、電子レンジで20～30秒加熱してよく混ぜる。
❷①にかたくり粉を加え、電子レンジで10～20秒加熱してよく混ぜる。

## 7日め

Point! じゃがいもは主食として

じゃがいもペースト 主食
にんじんペースト 副菜
豆腐ペースト 主菜

> 慣れてきたら、食材を組み合わせてバリエーションを増やして。

# 5〜6週めの献立

**ゴックン期**
**5〜6か月ごろ**

\ 用意する食材はコレ！ /

**炭水化物**

10倍がゆ
40g×7回分
→P24

**ビタミン・ミネラル**
 かぼちゃ
20g×3回分
→P24

 たまねぎ
20g×2回分
→P24

 トマト
20g×4回分
→P24

**たんぱく質**
 しらす
10g×3回分
→P25

 白身魚
10g×4回分
→P25

＋

**常備食材**
 かたくり粉 適量
とろみづけに使う。

**調味料・油**
● だし汁 →作り方P19
こんぶからとった和風だし。

## しらすがゆ

 ●10倍がゆ 40g  ＋ ●しらす 10g

❶ 10倍がゆに水少々をふり、電子レンジで40〜50秒加熱してよく混ぜる。
❷ しらすに水少々をふり、電子レンジで20〜30秒加熱してよく混ぜる。❶にのせる。

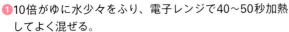

## かぼちゃペースト

 ●かぼちゃ 20g

かぼちゃに水少々をふり、電子レンジで20〜30秒加熱してよく混ぜる。

1日め
かぼちゃペースト 副菜
しらすがゆ 主食

Point! しらすをトッピング

## 2日め

10倍がゆ 主食
白身魚ペースト 主菜
たまねぎペースト 副菜

5〜6か月

### 10倍がゆ

10倍がゆ 40g

10倍がゆに水少々をふり、電子レンジで40〜50秒加熱してよく混ぜる。

### 白身魚ペースト

白身魚 10g

白身魚に水少々をふり、電子レンジで20〜30秒加熱してよく混ぜる。

### たまねぎペースト

たまねぎ 20g

たまねぎに水少々をふり、電子レンジで20〜30秒加熱してよく混ぜる。

### 10倍がゆ

10倍がゆ 40g

10倍がゆに水少々をふり、電子レンジで40〜50秒加熱してよく混ぜる。

### しらすペースト

しらす 10g

しらすに水少々をふり、電子レンジで20〜30秒加熱してよく混ぜる。

### トマトペースト

トマト 20g

トマトに水少々をふり、電子レンジで20〜30秒加熱してよく混ぜる。

## 3日め

10倍がゆ 主食
しらすペースト 主菜
トマトペースト 副菜

Point! おかゆと混ぜても

# 4日め

白身魚がゆ 主食

かぼちゃの
トマト和え 副菜

## 白身魚がゆ

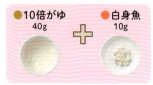

●10倍がゆ 40g ＋ ●白身魚 10g

❶10倍がゆに水少々をふり、電子レンジで40〜50秒加熱してよく混ぜる。
❷白身魚に水少々をふり、電子レンジで20〜30秒加熱してよく混ぜる。❶にのせる。

## かぼちゃのトマト和え

●かぼちゃ 10g ＋ ●トマト 10g

❶かぼちゃに水少々をふり、電子レンジで20〜30秒加熱してよく混ぜる。
❷トマトに水少々をふり、電子レンジで20〜30秒加熱してよく混ぜる。❶と合わせて混ぜる。

## 10倍がゆ

●10倍がゆ 40g

10倍がゆに水少々をふり、電子レンジで40〜50秒加熱してよく混ぜる。

## 白身魚のトマト煮

●白身魚 10g ＋ ●トマト 10g ＋ ●だし汁 大さじ1 ●かたくり粉 少々

❶白身魚にだし汁をふり、電子レンジで20〜30秒加熱してよく混ぜる。
❷❶にかたくり粉を加え、電子レンジで10〜20秒加熱してよく混ぜる。
❸トマトに水少々をふり、電子レンジで20〜30秒加熱してよく混ぜる。❷と合わせて混ぜる。

# 5日め

Point! だし汁で風味をつけます

白身魚の
トマト煮 主菜

10倍がゆ 主食

# 6日め

5〜6か月

かぼちゃがゆ 主食

しらすのトマトのせ 主菜

Point! かぼちゃの甘みをプラス

## かぼちゃがゆ

● 10倍がゆ 40g ＋ ● かぼちゃ 20g

1. 10倍がゆに水少々をふり、電子レンジで40〜50秒加熱してよく混ぜる。
2. かぼちゃに水少々をふり、電子レンジで20〜30秒加熱してよく混ぜる。①にのせる。

## しらすのトマトのせ

● しらす 10g ＋ ● トマト 10g ＋ ● だし汁 大さじ1  ● かたくり粉 少々

1. しらすにだし汁をふり、電子レンジで20〜30秒加熱してよく混ぜる。
2. ①にかたくり粉を加え、電子レンジで10〜20秒加熱してよく混ぜる。
3. トマトに水少々をふり、電子レンジで20〜30秒加熱してよく混ぜる。②にのせる。

## たまねぎがゆ

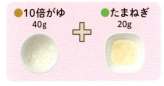

● 10倍がゆ 40g ＋ ● たまねぎ 20g

1. 10倍がゆに水少々をふり、電子レンジで40〜50秒加熱してよく混ぜる。
2. たまねぎに水少々をふり、電子レンジで20〜30秒加熱してよく混ぜる。①にのせる。

## 白身魚ペースト

● 白身魚 10g

白身魚に水少々をふり、電子レンジで20〜30秒加熱してよく混ぜる。

# 7日め

たまねぎがゆ 主食

白身魚ペースト 主菜

> 簡単に作れるパンがゆを主食に取り入れ、牛乳も使い始めます。

# 7〜8週めの献立

ゴックン期
5〜6か月ごろ

\ 用意する食材はコレ！ /

### 炭水化物

 **10倍がゆ**
40g×4回分
➡P24

### ビタミン・ミネラル

 **ほうれん草**
20g×3回分
➡P25

 **トマト**
20g×2回分
➡P24

**にんじん**
20g×2回分
➡P25

### たんぱく質

 **白身魚**
10g×4回分
➡P25

 **しらす**
10g×2回分
➡P25

＋

### 常備食材

 **食パン**（12枚切り）
½枚×3回分
やわらかく煮たパンがゆにして与える。耳はかたいので取り除いて使う。

 **牛乳**
大さじ1×3回分
乳製品のたんぱく質に慣れるため、少しずつ与える。必ず火を通して使う。

 **かたくり粉** 適量
とろみづけに使う。

### 調味料・油

● **野菜スープ** ➡作り方P19
にんじん、たまねぎなどからとったスープ。

---

**管理栄養士からのアドバイス**

そろそろパンがゆを与えてもOK。パンがゆは簡単にできるので、ときどき食べるのであれば冷凍にせず、その都度作るほうが楽チンです。

# 1日め

5〜6か月

ほうれん草の白身魚のせ 主菜

パンがゆ 主食

## パンがゆ

- 食パン（12枚切り）½枚
- 水 ½カップ

1. パンは耳を取り、細かくちぎってフライパンに入れ、水を加えてパンをひたす。
2. しばらく置き、とろとろになるまで弱火で煮る。

## ほうれん草の白身魚のせ

●白身魚 10g ＋ ●ほうれん草 20g

1. 白身魚に水少々をふり、電子レンジで20〜30秒加熱してよく混ぜる。
2. ほうれん草に水少々をふり、電子レンジで20〜30秒加熱してよく混ぜる。①にのせる。

## しらすがゆ

●10倍がゆ 40g ＋ ●しらす 10g

1. 10倍がゆに水少々をふり、電子レンジで40〜50秒加熱してよく混ぜる。
2. しらすに水少々をふり、電子レンジで20〜30秒加熱してよく混ぜる。①と合わせて混ぜる。

## トマトのスープ

●トマト 20g ＋ ●野菜スープ 大さじ1 ●かたくり粉 少々

1. トマトに野菜スープをふり、電子レンジで20〜30秒加熱してよく混ぜる。
2. ①にかたくり粉を加え、電子レンジで10〜20秒加熱してよく混ぜる。

# 2日め

しらすがゆ 主食

Point! 水分を加えて食べやすく

トマトのスープ 副菜

# 3日め

トマトパンがゆ 主食

Point!
野菜スープの味がほんのり

白身魚のスープ煮 主菜

## トマトパンがゆ

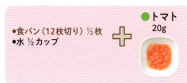

- 食パン（12枚切り）½枚
- 水 ½カップ
- トマト 20g

① パンは耳を取り、細かくちぎってフライパンに入れ、水を加えてパンをひたす。
② しばらく置き、とろとろになるまで弱火で煮る。
③ トマトに水少々をふり、電子レンジで20〜30秒加熱してよく混ぜる。②にのせる。

## 白身魚のスープ煮

- 白身魚 10g
- 野菜スープ 大さじ1

白身魚に野菜スープをふり、電子レンジで20〜30秒加熱してよく混ぜる。

## 10倍がゆ

- 10倍がゆ 40g

10倍がゆに水少々をふり、電子レンジで40〜50秒加熱してよく混ぜる。

## 白身魚とにんじんのマッシュ

- 白身魚 10g
- にんじん 20g

① 白身魚に水少々をふり、電子レンジで20〜30秒加熱してよく混ぜる。
② にんじんに水少々をふり、電子レンジで20〜30秒加熱してよく混ぜる。①と合わせて混ぜる。

# 4日め

10倍がゆ 主食

白身魚とにんじんのマッシュ 主菜

# 5日め

ほうれん草パンがゆ 主食

白身魚のミルク煮 主菜

Point! 水の代わりに牛乳を使います

5〜6か月

## ほうれん草パンがゆ

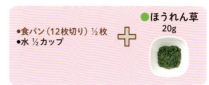

- 食パン（12枚切り）½枚
- 水 ½カップ
+ ほうれん草 20g

1. パンは耳を取り、細かくちぎってフライパンに入れ、水を加えてパンをひたす。
2. しばらく置き、とろとろになるまで弱火で煮る。
3. ほうれん草に水少々をふり、電子レンジで20〜30秒加熱してよく混ぜる。②にのせる。

## 白身魚のミルク煮

- 白身魚 10g
+ 牛乳 大さじ1
- かたくり粉 少々

1. 白身魚に牛乳をふり、電子レンジで20〜30秒加熱してよく混ぜる。
2. ①にかたくり粉を加え、電子レンジで10〜20秒加熱してよく混ぜる。

## ミルクがゆ

- 10倍がゆ 40g
+ 牛乳 大さじ1

10倍がゆに牛乳をふり、電子レンジで1分加熱してよく混ぜる。

## にんじんしらす

- にんじん 20g
+ しらす 10g

1. にんじんに水少々をふり、電子レンジで20〜30秒加熱してよく混ぜる。
2. しらすに水少々をふり、電子レンジで20〜30秒加熱してよく混ぜる。①にのせる。

# 6日め

ミルクがゆ 主食

にんじんしらす 主菜

## 7日め

ほうれん草の
ミルク煮 副菜

10倍がゆ 主食

### 10倍がゆ

●10倍がゆ 40g

10倍がゆに水少々をふり、電子レンジで40〜50秒加熱してよく混ぜる。

### ほうれん草のミルク煮

●ほうれん草 20g
＋
●牛乳 大さじ1
●かたくり粉 少々

① ほうれん草に牛乳をふり、電子レンジで20〜30秒加熱してよく混ぜる。
② ①にかたくり粉を加え、電子レンジで10〜20秒加熱してよく混ぜる。

---

モグモグ期（7〜8か月ごろ）へ
ゴックン期から

### 食材のかたさと大きさは？

舌でかみつぶすことができる豆腐くらいのかたさが目安で、ペースト状からみじん切りに徐々に変えていきます。

### あげる量は？

食欲があれば、徐々に量を増やします。たんぱく質は内臓に負担がかかるので、目安の量を超えないように注意して。

### 食べる回数は？

離乳食を嫌がらずに食べていて、「ゴックン」と飲み込めるようになったら、午前と午後の2回食にしましょう。

## ステップアップの目安

赤ちゃんに下のような様子が出てきたら、次のステップへ移るサインです。項目をチェックしてみましょう。

### 赤ちゃんの様子をチェック

☐ きちんといすにお座りをして、嫌がらずに口を開けて食べることに慣れてきた。

☐ ゴックン期の最初のころよりも少し水分を減らしたものを与えたとき、口をモグモグ動かしている。

☐ 1回に食べている分量が主食、主菜、副菜などを合わせて子ども茶碗の半分以上である。

## 5～6か月ごろ Q&A
ゴックン期

**Q** 5か月未満ですが、食べ物に興味があります。あげてもいいですか？

**A 時期を早めず、5～6か月まで待ってからあげるようにしましょう。**

このころの赤ちゃんは成長の個人差が大きく、見た目では判断しにくいのですが、体が大きくても消化器官が未発達だったり、舌を上手に動かせなかったりします。食べ物の内容によっては、まだ消化できずに下痢を起こしたり、アレルギーを引き起こすことにもなりかねないので、時期を早めて与える必要はありません。

**Q** 口に運んであげても、ほとんど出してしまいます。

**A 舌触り、温度が原因なことが多いですが、最初のうちは仕方がないので、のんびりと。**

離乳食のあげ始めは食感に慣れないために、口から出してしまうことはよくあります。舌触りがよくなかったり、適温でない場合に起こりがちです。裏ごしをしてなめらかにしたり、とろみをつけて口の中に入りやすくしてみましょう。温度は人肌程度が目安です。「最初は食べなくても当たり前」というくらいの気持ちでのぞみましょう。

**Q** 目安の量を食べたあと、もっと欲しいと泣きます。

**A 月齢が進むまでは内臓に負担がかかるので適量を守りましょう。**

離乳食を与え始めのころは、消化器官が未熟で、内臓に負担を与えることにもなりかねません。特にたんぱく質は内臓に負担がかかりやすいので、目安の量を守りましょう。さらに欲しがるようなら、ミルクを飲ませて調整します。月齢が7～8か月を超えて、体重の増え方がゆるやかなら、たんぱく質以外は目安の量より少し多い分量を与えても大丈夫です。

**Q** 離乳食が始まり、便秘がちになってしまいました。

**A 水分を少し多めにとり、離乳食をバランスよく食べれば大丈夫です。**

今まではおっぱいやミルクしか口にしていなかったところに、初めて食べ物が腸に入ることで腸内環境が変わり、うんちがかたくなったり便秘になったりするのです。また食べることによって授乳量が減り、水分不足になることも一因と考えられます。赤ちゃん用の麦茶や白湯を少し多めにとり、機嫌が悪くなければ、様子を見てそのまま続けましょう。

## 離乳食の回数が1日2回に増える
# 7〜8か月ごろ

モグモグ期

食べることに慣れてきて、モグモグと上手に口を動かせるようになる時期。素材の味を楽しめる時期なので、たくさんの種類の食材に触れさせてあげましょう。食事の回数も1回から2回に増えます。

### スタート時期は？
### 上手にゴックンと飲み込めるようになったら

食べ物を上手にゴックンと飲み込むことができるようになり、離乳食を意欲的に食べているようであれば、次の段階に進みます。午前中に1回、午後に1回、なるべく同じ時間帯を離乳食タイムにしましょう。離乳食と離乳食の間は4時間以上空けます。

### 食べられるかたさは？
### 舌でつぶせる豆腐くらいのかたさを目安に

おかゆも10倍がゆから7倍がゆに水分量を少なくしていきます。モグモグと口を動かして、食べ物を舌でつぶしてから飲み込めていればOK。野菜なども大人が指で軽く押してつぶれるようなかたさであれば、食べられます。細かいみじん切りから徐々に粒を大きくしていきます。

### あげる量は？
### 栄養バランスは1日に食べた離乳食の量で確認

1回の食事で炭水化物食材、ビタミン・ミネラル食材、たんぱく質食材をバランスよく食べるのが理想ですが、1日に食べたトータル量で栄養3要素がとれていればいいでしょう。1日に2回の離乳食で、1日に必要な栄養の3分の1を摂取するのが目安です。残りはおっぱいやミルクからとれるので安心してください。

### 食べさせ方は？
### モグモグとかみ終わるのを見届けて次のひとさじを

お座りが安定してきたら、食べるときはなるべく同じいすに座って食べさせるようにします。ひとさじずつ口に入れてあげて、モグモグと口を動かしてかむ練習をさせましょう。口の中の食べ物がなくなって、自分から口を開けるのを待って次のひとさじを与えるようにします。慌てて次から次へと入れると、ゆっくりと咀嚼して食べる習慣がつかなくなってしまいます。

かみ終わってから次を与えて

### 1日のタイムスケジュール例
- 回数：1日2回食になります。
- あげるタイミング：授乳の代わりに午前中の1回、午後の1回を離乳食に置き換えます。
- 授乳タイム：離乳食後は欲しがるだけおっぱいやミルクを与えます。

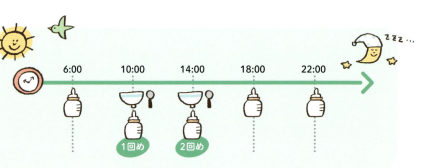

> 実物大！

# 1食分の量とかたさ

やわらかい固形物を舌で持ち上げて、上あごを使ってつぶして、モグモグと食べられるようになります。

**7〜8か月**

### たんぱく質食材

#### 豆腐

絹ごし豆腐を電子レンジで加熱して、食べやすいようにくずします。豆腐は水分を含むため30gくらいまで。与えすぎはNGです。

● 食べられる食材例 ●

鮭やまぐろなどの魚や、鶏ささみや鶏ひき肉、黄身などが食べられるようになります。

### 炭水化物食材

#### 7〜5倍がゆ

7倍がゆを作ります。最初は7倍がゆから始めて、徐々に水分を少なくしていき5倍がゆにします。

● 食べられる食材例 ●

小麦アレルギーがなければ、パンがゆやうどんなどが食べられます。

### ビタミン・ミネラル食材

#### にんじん

皮をむいて1cmの輪切りにしたにんじんをやわらかくゆで、小さくつぶします。

● 食べられる食材例 ●

なすや小松菜、かぶや大根など、やわらかくゆでて与えます。

**管理栄養士からのアドバイス**

食べたがるようであれば、全体量を多めにあげてもよいですが、たんぱく質は内臓に負担がかかるので量を守りましょう。

**Point**

- 量：肉や魚は15g以内に
- かたさ：豆腐くらいのかたさ
- 調理法：加熱してやわらかく

※このまま1食分の献立にもなります。

## モグモグ期

# 7〜8か月ごろの おすすめ食材

おいしい フリージング方法

離乳食に慣れてきたら、おかゆは10倍から7倍、そして5倍へとステップアップさせていきます。野菜、魚、肉の種類も増やしていきましょう。

## 炭水化物

### パンがゆ

ほんのりした甘みで食べやすい

**材料** 食パン(8枚切り) 2枚
野菜スープ 1と1/5カップ
**1回の目安量** 60g

1. パンは耳を取り、細かくちぎってフライパンに入れ、野菜スープを加えてパンをひたす。
2. しばらく置き、とろとろになるまで弱火で煮る。

4等分して小分け容器で冷凍

### うどん

クタクタになるまで煮る

**材料** ゆでうどん 200g
**1回の目安量** 60g

1. 2〜3mmの長さに切る。
2. 鍋に水と①を入れ、ほぐしながら中火にかけ、やわらかくなるまでゆでる。

5等分して小分け容器で冷凍

#### 下ごしらえポイント

**2〜3mmの長さに切ってからゆでる**

うどんはゆでてから切ると熱々を切るか、冷ましてから切ることになるので、2〜3mmの長さに切ってからゆでると調理しやすいでしょう。

### 7倍がゆ

少しだけツブツブ感を残して

**材料** ご飯 200g
水 3カップ
**1回の目安量** 50g

1. 鍋に水とご飯を入れ、ほぐしながら中火にかける。
2. 沸騰したら弱火にし、ふたを少しずらして、なるべくかき混ぜず、10分ほど煮る。

10等分して小分け容器で冷凍

### 5倍がゆ

水分がだいぶ少なくなる

**材料** ご飯 250g
水 2と1/2カップ
**1回の目安量** 80g

1. 鍋に水とご飯を入れ、ほぐしながら中火にかける。
2. 沸騰したら弱火にし、ふたを少しずらして、なるべくかき混ぜず、10分ほど煮る。

5等分して小分け容器で冷凍

## ビタミン・ミネラル

### 大根

**材料** 葉つき大根（皮をむいたもの）
実 80～120g　葉 20g
**1回の目安量** 20～30g（葉は5g）

〈実の部分〉
1. 1cm幅の輪切りにする。
2. 水からやわらかくなるまでゆでる。
3. 5mm角のみじん切りにする。
→レシピ P61、63

〈葉の部分〉
1. 熱湯でやわらかくなるまでゆでて、水にさらす。
2. 水けをきり、1～2mmのみじん切りにする。
→レシピ P61、63

トロトロにやわらかく煮て
4等分して小分け容器で冷凍

やわらかくて食べやすい
ラップに平たくつぶして包み冷凍

### かぶ

**材料** かぶ（皮をむいたもの）
実 80～120g　葉 20g
**1回の目安量** 20～30g（葉は5g）

〈実の部分〉
1. 縦半分に切ってから、1cm幅に切る。
2. 水からやわらかくなるまでゆでる。
3. 5mm角のみじん切りにする。
→レシピ P56、57

〈葉の部分〉
1. 熱湯でやわらかくなるまでゆでて、水にさらす。
2. 水けをきり、1～2mmのみじん切りにする。
→レシピ P56

水分が多くて食べやすい
4等分して小分け容器で冷凍

葉は茎を取り除く
ラップに平たくつぶして包み冷凍

### ブロッコリー

**材料** ブロッコリー 100～140g
**1回の目安量** 20～30g

1. 小房に分けて、熱湯でやわらかくなるまでゆでる。
2. 水けをきり、穂先部分のみを1～2mmのみじん切りにする。
→レシピ P49、50、51、52

茎は使わず穂先部分だけ
4等分して小分け容器で冷凍

**下ごしらえポイント**

**ブロッコリーは穂先をみじん切りに**
茎の部分はゆでてもかたいので使いません。穂先の部分だけをみじん切りにし、冷凍しましょう。

### キャベツ

**材料** キャベツ（芯を取り除いたもの）80～120g
**1回の目安量** 20～30g

1. 熱湯でやわらかくゆでる。
2. 水けをきり、1～2mmのみじん切りにする。
→レシピ P55、57、58

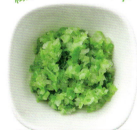
繊維を細かくカット
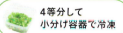
4等分して小分け容器で冷凍

### 小松菜

**材料** 小松菜（葉先部分のみ）80～120g
**1回の目安量** 20～30g

1. 熱湯でやわらかくなるまでゆでて、水にさらす。
2. 水けをきり、1～2mmのみじん切りにする。
→レシピ P50、51

くせが少なく使いやすい
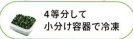
4等分して小分け容器で冷凍

7～8か月

## ビタミン・ミネラル

### さつまいも

| 材料 | さつまいも 90〜130g |
| 1回の目安量 | 20〜30g |

1. 1cm幅の輪切りにし、水にさらして、皮をむく。
2. 水からゆでて、やわらかくなったら、フォークでつぶす。

→レシピ P50、52

**フォークでつぶす**

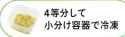
4等分して小分け容器で冷凍

### パプリカ

| 材料 | パプリカ（種を取り除いたもの）90〜130g |
| 1回の目安量 | 20〜30g |

1. 熱湯でやわらかくゆでる。
2. 薄皮をむいてから、1〜2mm角のみじん切りにする。

→レシピ P62、63

**赤い色が目にも楽しい**

4等分して小分け容器で冷凍

### にんじん

| 材料 | にんじん（皮をむいたもの）80〜120g |
| 1回の目安量 | 20〜30g |

1. 1cm幅の輪切りにして、水からゆでる。
2. やわらかくなったら、フォークでつぶす。

→レシピ P55、56

**ほんのりとした甘み**

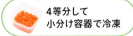
4等分して小分け容器で冷凍

### 下ごしらえポイント

**ゆでてから薄皮をむいて使う**

パプリカは薄皮があると食べにくいため、ゆでたあとに皮をむきましょう。スルッとむきやすくなります。

### なす

| 材料 | なす 100〜140g |
| 1回の目安量 | 20〜30g |

1. ラップで包み、電子レンジで3分加熱する。やわらかくなったら皮をむき、ヘタを取る。
2. フォークでつぶす。

→レシピ P62、63

**皮をむいて使う**

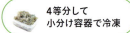
4等分して小分け容器で冷凍

### オクラ

| 材料 | オクラ 100〜140g |
| 1回の目安量 | 20〜30g |

1. 塩少々で板ずりをして、うぶ毛を取り除く。塩をよく洗い流し、熱湯でゆでる。
2. ヘタを落とし、縦半分に切って種を取り、1〜2mmの角みじん切りにする。

→レシピ P61、63

**種を取り除いて使う**

4等分して小分け容器で冷凍

### 下ごしらえポイント

**皮はヘタから引っ張りながらむく**

加熱したなすの皮は手でむけます。皮だけを指先でつまんで、ヘタから尻の部分に向けて割くように引っ張ります。熱いうちがむきやすいですがヤケドに注意。

### 下ごしらえポイント

**オクラは種を取ってからみじん切りに**

オクラはゆでたあと、ヘタを取り、縦半分に切って、種を取り除きます。種は苦みもあり、残っていると食べにくいので忘れずに取り除きましょう。

## たんぱく質

### 鶏ささみ

**材料** 鶏ささみ
（筋を取り除いたもの）
40～60g

**1回の目安量** 10～15g

1. そぎ切りにする。
2. 水からゆで、中まで火を通す。
3. 手で細かく割いたあと、1～2mmのみじん切りにする。

→レシピ P49、51、56、57

そぎ切りにしてからゆでる

4等分して小分け容器で冷凍

### 鶏ひき肉

**材料** 鶏ひき肉 40～60g
だし汁 ⅔カップ
塩 少々
かたくり粉 少々

**1回の目安量** 10～15g

1. 鍋に鶏ひき肉とだし汁を入れ、ほぐしてから火にかける。
2. 鶏ひき肉が白くなるまでゆでて中まで火を通したら、塩を加え、かたくり粉でとろみをつけて、ポロポロになるまで煮る。

→レシピ P61、62、63

とろみをつけて食べやすく

4等分して小分け容器で冷凍

**下ごしらえポイント**

**ひき肉はほぐしてから**

ひき肉はダマにならないようにホイッパーでほぐしてから火にかけると、そぼろ状に仕上がり、食べやすくなります。

### 白身魚

**材料** 白身魚
（骨と皮を取り除いたもの）
40～60g

**1回の目安量** 10～15g

1. 沸騰した湯に切り身を入れて、中まで火を通す。
2. 1～2mmのみじん切りにする。

→レシピ P51、52

鯛や平目などを使って

4等分して小分け容器で冷凍

### 鮭

**材料** 鮭（骨と皮を取り除いたもの）
40～60g

**1回の目安量** 10～15g

1. 沸騰した湯に切り身を入れて、中まで火を通す。
2. 1～2mmのみじん切りにする。

→レシピ P63、64

少し脂肪分のある魚をプラス

4等分して小分け容器で冷凍

### まぐろ

**材料** まぐろ 40～60g

**1回の目安量** 10～15g

1. 柵の場合は、そぎ切りにする。
2. 沸騰した湯に切り身を入れて、中まで火を通す。
3. 1～2mmのみじん切りにする。

→レシピ P55、56、57

色が変わるまでゆでる

4等分して小分け容器で冷凍

### 黄身（固ゆで卵）

**材料** 卵 2個

**1回の目安量** ⅓個分

1. 卵は水からゆでる。沸騰したら中火にして、最低12分はゆでて、固ゆで卵を作る。
2. 黄身の部分だけを裏ごしする（白身は使わない）。

→レシピ P61、62

最初はほんの少量から

冷凍用保存袋で平たくつぶして冷凍

7～8か月

> 主食は7倍がゆ とうどん。白身魚、鶏ささみを取り入れて。

# 1〜2週めの献立

**モグモグ期　7〜8か月ごろ**

\ 用意する食材はコレ！ /

### 炭水化物

**7倍がゆ**
50g×5回分
➡P44

**うどん**
60g×2回分
➡P44

### ビタミン・ミネラル

**ブロッコリー**
25g×4回分
➡P45

**小松菜**
25g×2回分
➡P45

**さつまいも**
25g×3回分
➡P46

### たんぱく質

**鶏ささみ**
10g×2回分
➡P47

**白身魚（鯛など）**
15g×2回分
➡P47

＋

### 常備食材

**納豆**
15g×1回分、10g×1回分
ひきわり納豆が便利。添付のタレは使わない。

**青のり** 少々×1回分
細かくなっているので消化にもよく、ミネラルも豊富。

**牛乳**
大さじ1×1回分、
大さじ2×1回分
必ず加熱して使う。

**りんご** 10g×2回分
消化がよく、赤ちゃんも好きな味で食べやすい。

**ツナ缶**
10g×1回分
油漬けではなく、水煮を使用。

**カッテージチーズ**
10g×1回分
高たんぱく低脂肪で、味のアクセントにもなる。

**かたくり粉**
適量
とろみづけに使う。

### 調味料・油

- **だし汁** ➡作り方 P19
  こんぶからとった和風だし。
- **しょうゆ**
  数滴を使用。
- **ケチャップ**
  塩分も入っているので、ごく少量を使用。
- **塩**
  ほんのりと味がつくごく少量を使用。

**管理栄養士からのアドバイス**

調味料は、味に変化をつけるために、ごく少量だけ使うようにしましょう。塩分や糖分の取りすぎは内臓に負担をかけることに。

# 1日め

7倍がゆ 主食
ブロッコリーのだし煮 副菜
納豆の青のり和え 主菜

Point! だしの香りで食欲を刺激

## 7倍がゆ

- 7倍がゆ 50g

7倍がゆに水少々をふり、電子レンジで40〜50秒加熱してよく混ぜる。

## 納豆の青のり和え

- 納豆 15g
- 青のり 少々

納豆に青のりを加えて混ぜる。

## ブロッコリーのだし煮

- ブロッコリー 25g
＋
- だし汁 ¼カップ
- しょうゆ 数滴
- かたくり粉 少々

1 ブロッコリーにだし汁をふり、電子レンジで20〜30秒加熱してよく混ぜる。
2 ①にしょうゆ、かたくり粉を加え、電子レンジで10〜20秒加熱してよく混ぜる。

7〜8か月

## ミルクがゆ

- 7倍がゆ 50g
＋
- 牛乳 大さじ1

7倍がゆに牛乳をふり、電子レンジで50秒〜1分加熱してよく混ぜる。

## 鶏ささみのケチャップ煮

- 鶏ささみ 10g
＋
- だし汁 ¼カップ
- ケチャップ 小さじ⅛
- かたくり粉 少々

1 鶏ささみにだし汁をふり、電子レンジで30〜40秒加熱してよく混ぜる。
2 ①にケチャップ、かたくり粉を加え、電子レンジで10〜20秒加熱してよく混ぜる。

## りんごのレンジ煮

- りんご（皮をむいたもの）10g

りんごを薄切りにして、水少々をふり、電子レンジで20秒加熱し、フォークでつぶす。

# 2日め

鶏ささみのケチャップ煮 主菜
りんごのレンジ煮 副菜
ミルクがゆ 主食

# 3日め

小松菜入り
クタクタうどん 主食

ツナとさつまいもの
和え物 主菜

## 小松菜入りクタクタうどん

●うどん 60g ＋ ●小松菜 10g ＋ ●だし汁 ⅛カップ

1. うどんにだし汁をふり、電子レンジで40～50秒加熱してよく混ぜる。
2. 小松菜に水少々をふり、電子レンジで20～30秒加熱する。①と合わせて混ぜる。

## ツナとさつまいもの和え物

●さつまいも 25g ＋ ●ツナ缶 10g

1. さつまいもに水少々をふり、電子レンジで20～30秒加熱してよく混ぜる。
2. ツナに熱湯をまわしかける。①と合わせて混ぜる。

## さつまいもがゆ

●7倍がゆ 50g ＋ ●さつまいも 15g

1. 7倍がゆに水少々をふり、電子レンジで40～50秒加熱してよく混ぜる。
2. さつまいもに水少々をふり、電子レンジで20～30秒加熱してよく混ぜる。①にのせる。

## ブロッコリーのチーズ和え

●ブロッコリー 10g ＋ ●カッテージチーズ 10g

1. ブロッコリーに水少々をふり、電子レンジで20～30秒加熱してよく混ぜる。
2. ①にカッテージチーズを加え、よく混ぜる。

# 4日め

さつまいもがゆ 主食

Point!
チーズが味の
アクセント

ブロッコリーの
チーズ和え 主菜

## 5日め

7倍がゆ 主食

白身魚と小松菜の
ミルク煮 主菜

7~8か月

### 7倍がゆ

●7倍がゆ 50g

7倍がゆに水少々をふり、電子レンジで40～50秒加熱してよく混ぜる。

### 白身魚と小松菜のミルク煮

 ●小松菜 25g
 ●白身魚 15g

- 牛乳 大さじ2
- 塩 少々
- かたくり粉 少々

1. 小松菜に牛乳をふり、電子レンジで20～30秒加熱してよく混ぜる。
2. 白身魚に水少々をふり、電子レンジで20～30秒加熱してよく混ぜる
3. ②に塩、かたくり粉を加え、電子レンジで10～20秒加熱してよく混ぜる。①と合わせて混ぜる。

### うどんの鶏ささみあんかけ

 ●うどん 60g
 ●鶏ささみ 10g

- だし汁 ⅛カップ
- しょうゆ 数滴
- かたくり粉 少々

1. うどんに水少々をふり、電子レンジで40～50秒加熱してよく混ぜる。
2. 鶏ささみにだし汁をふり、電子レンジで20～30秒加熱してよく混ぜる。
3. ②にしょうゆ、かたくり粉を加え、電子レンジで10～20秒加熱してよく混ぜる。①にのせる。

### ブロッコリーの納豆和え

 ●ブロッコリー 25g
- 納豆 10g
- しょうゆ 数滴

1. ブロッコリーに水少々をふり、電子レンジで20～30秒加熱する。
2. ①に納豆としょうゆを加え、よく混ぜる。

## 6日め

ブロッコリーの
納豆和え 主菜

Point! つるんとお口に入る

うどんの
鶏ささみあんかけ 主食

# 3〜5週めの献立

パンがゆを主食に加え、高たんぱくの赤身のまぐろもプラス。

モグモグ期　7〜8か月ごろ

## 用意する食材はコレ！

### 炭水化物

**7倍がゆ**
50g×4回分
➡P44

**パンがゆ**
60g×3回分
➡P44

### ビタミン・ミネラル

**にんじん**
25g×2回分
➡P46

**キャベツ**
25g×3回分
➡P45

**かぶ**
25g×2回分
➡P45

**かぶの葉**
5g×2回分
➡P45

### たんぱく質

**まぐろ**
15g×3回分
➡P47

**鶏ささみ**
15g×2回分
➡P47

＋

### 常備食材

**かつお節** 少々×2回分
かつおのうま味をプラス。

**納豆** 15g×2回分
ひきわり納豆が便利。添付のタレは使わない。

**牛乳**
1/8カップ×1回分、
1/4カップ×1回分
必ず加熱して使う。

**かたくり粉** 適量
とろみづけに使う。

### 調味料・油

● **しょうゆ**
数滴を使用。

● **野菜スープ** ➡作り方P19
にんじん、たまねぎなどからとったスープ。

● **塩**
ほんのりと味がつくごく少量を使用。

● **だし汁** ➡作り方P19
こんぶからとった和風だし。

● **みそ**
ほんのりと味がつくごく少量を使用。

● **ケチャップ**
塩分も入っているので、ごく少量を使用。

**管理栄養士からのアドバイス**

野菜スープを作るとき、材料の野菜を変えると風味も変化します。たまねぎ、にんじん、じゃがいも以外に、キャベツ、大根、かぶなどもおすすめです。

# 1日め

おかかがゆ 主食

納豆とにんじんの和え物 主菜

Point! かつお節で栄養価アップ

7〜8か月

## おかかがゆ

- ●7倍がゆ 50g
- ＋
- ●かつお節 少々

1. 7倍がゆに水少々をふり、電子レンジで40〜50秒加熱してよく混ぜる。
2. かつお節をのせる。

## 納豆とにんじんの和え物

- ●にんじん 25g
- ＋
- ●納豆 15g
- ●しょうゆ 数滴

1. にんじんに水少々をふり、電子レンジで20〜30秒加熱してよく混ぜる。
2. ①に納豆としょうゆを加え、よく混ぜる。

## パンがゆ

- ●パンがゆ 60g

パンがゆに水少々をふり、電子レンジで40〜50秒加熱してよく混ぜる。

## キャベツとまぐろのスープ煮

- ●キャベツ 25g
- ＋
- ●まぐろ 15g
- ＋
- ●野菜スープ ¼カップ
- ●塩 少々
- ●かたくり粉 少々

1. キャベツと野菜スープを電子レンジで20〜30秒加熱してよく混ぜる。
2. まぐろに水少々をふり、電子レンジで20〜30秒加熱してよく混ぜる。
3. ②に塩、かたくり粉を加え、電子レンジで10〜20秒加熱してよく混ぜる。①と合わせて混ぜる。

# 2日め

パンがゆ 主食

キャベツとまぐろのスープ煮 主菜

# 3日め

7倍がゆ 主食

Point! みそ風味で食べやすい

かぶと鶏ささみのみそ煮 主菜

## 7倍がゆ

●7倍がゆ 50g

7倍がゆに水少々をふり、電子レンジで40〜50秒加熱してよく混ぜる。

## かぶと鶏ささみのみそ煮

●かぶ 25g ＋ ●鶏ささみ 15g ＋ ●かぶの葉 5g ＋ ●だし汁 ¼カップ ●みそ 少々 ●かたくり粉 少々

1. かぶにだし汁をふり、電子レンジで20〜30秒加熱してよく混ぜる。
2. 鶏ささみとかぶの葉に水少々をふり、それぞれ電子レンジで20〜30秒加熱してよく混ぜる。
3. ②の鶏ささみにみそ、かたくり粉を加え、さらに電子レンジで10〜20秒加熱してよく混ぜる。①と合わせて混ぜる。

## かぶの葉がゆ

●7倍がゆ 50g ＋ ●かぶの葉 5g ＋ ●しょうゆ 数滴

1. 7倍がゆに水少々をふり、電子レンジで40〜50秒加熱してよく混ぜる。
2. かぶの葉に水少々をふり、電子レンジで20〜30秒加熱し、しょうゆを加え、よく混ぜる。①にのせる。

## まぐろとにんじんの煮物

●にんじん 25g ＋ ●まぐろ 15g ＋ ●だし汁 ¼カップ ●しょうゆ 数滴 ●かたくり粉 少々

1. にんじんとまぐろにだし汁をふり、電子レンジで20〜30秒加熱してよく混ぜる。
2. ①のにんじんにしょうゆ、かたくり粉を加え、電子レンジで10〜20秒加熱してよく混ぜる。①のまぐろと合わせて混ぜる。

# 4日め

まぐろとにんじんの煮物 主菜

かぶの葉がゆ 主食

## 5日め

ミルクパンがゆ 主食

まぐろとかぶのあんかけ 主菜

### ミルクパンがゆ

パンがゆに牛乳をふり、電子レンジで50秒～1分加熱してよく混ぜる。

- パンがゆ 60g
- 牛乳 ⅛カップ

### まぐろとかぶのあんかけ

- かぶ 25g
- まぐろ 10g
- だし汁 ¼カップ
- しょうゆ 数滴
- かたくり粉 少々

1. かぶにだし汁をふり、電子レンジで20～30秒加熱してよく混ぜる。
2. まぐろに水少々をふり、電子レンジで20～30秒加熱してよく混ぜる。
3. ②にしょうゆ、かたくり粉を加え、電子レンジで10～20秒加熱してよく混ぜる。①と合わせて混ぜる。

7～8か月

## 6日め

鶏ささみとキャベツのクリーム煮 主菜

ケチャップパンがゆ 主食

Point! 味のアクセントにケチャップを

### ケチャップパンがゆ

- パンがゆ 60g
- ケチャップ 少々

1. パンがゆに水少々をふり、電子レンジで40～50秒加熱する。
2. ①にケチャップを加え、よく混ぜる。

### 鶏ささみとキャベツのクリーム煮

- キャベツ 25g
- 鶏ささみ 15g
- 牛乳 ⅛カップ
- 塩 少々
- かたくり粉 少々

1. キャベツに牛乳をふり、電子レンジで20～30秒加熱してよく混ぜる。
2. 鶏ささみに水少々をふり、電子レンジで20～30秒加熱してよく混ぜる。
3. ②に塩、かたくり粉を加え、電子レンジで10～20秒加熱してよく混ぜる。①と合わせて混ぜる。

## 7日め

納豆がゆ **主食**

キャベツの
おかか和え **副菜**

### 納豆がゆ

- 7倍がゆ 50g
- 納豆 15g
- しょうゆ 数滴

1. 7倍がゆに水少々をふり、電子レンジで40〜50秒加熱してよく混ぜる。
2. 納豆にしょうゆを加え、混ぜる。①にのせる。

### キャベツのおかか和え

- キャベツ 25g
- だし汁 大さじ1
- かたくり粉 少々
- かつお節 少々

1. キャベツにだし汁をふり、電子レンジで20〜30秒加熱してよく混ぜる。
2. ①にかたくり粉を加え、電子レンジでさらに10〜20秒加熱してよく混ぜる。かつお節を加え、和える。

---

モグモグ期

7〜8か月ごろ Q&A

キライ / スキ

**Q** なかなか新しい食材を食べてくれません。

**A** 焦らなくて大丈夫。好きな食べ物はあとから出してみて。

栄養が偏りそうなので、いろいろな食材をとってほしいと思うかもしれませんが、離乳食全体の長いスパンで考えると、ある時期に同じものばかり食べていたからといって気にすることはありません。食べ慣れた食材を先に出してしまわずに、まず他の食材から食べさせて、そのあとから好きなものを出してあげるようにすれば、少しずつ新しい食材にもチャレンジできるようになるでしょう。「同じものばかり……」と焦ることはありません。

**Q** 同じものばかりを欲しがります。好き嫌いが出てきたのでしょうか？

**A** 食べやすいから食べているだけで好き嫌いではありません。

この時期の食べ物の選り好みは、「好き嫌いが出てきている」というよりは、形態によって「食べられるもの」と「食べにくいもの」に分かれる時期だからです。おかゆばかり食べたがるのであれば、その味や舌触りが好きなので、他の食材もおかゆに似た食感にしたり、おかゆに混ぜて食べさせてみたりするとよいでしょう。

# 調味料はどのくらい使える？

離乳食には大人と同じような味つけは必要ありません。食べる意欲を引き出すため、後半から少量ずつ使いましょう。

## 使える時期、量に気をつけて

離乳食は基本的には味つけをする必要はありません。赤ちゃんの味覚は、大人と比べてとても敏感で、薄味でも十分に味を感じることができます。食材本来の味を知ってもらうためにも、初期には特に調味料は使わずに与えます。

しかし、調味料を少し使うと素材の風味や甘みが引き立つ場合もあるので、7～8か月になるころには少量であれば調味料を使っていってもよいとされています。ほんの少し調味料を変えるだけでも味に変化が生まれ、赤ちゃんの好みなども把握でき、離乳食を調理する目安にもなる場合もあります。調味料を使う場合は、下の表の時期を目安に使用するようにしましょう。

離乳食後期（1歳くらい）から使える子ども用のケチャップ、ソース、マヨネーズが売られていますので、利用してもいいでしょう。

## 時期と量の目安

※ ✕＝今はまだやめておく、△＝様子を見ながら少量であれば食べさせてもOK、○＝食べさせてもOK。

| 調味料 | | ゴックン期 | モグモグ期 | カミカミ期 | パクパク期 |
|---|---|---|---|---|---|
| 塩 | 母乳やミルク、食材にも塩分が含まれている。高塩分は腎臓に負担をかけるので、分量には注意が必要 | ✕ | △ | ○ | ○ |
| しょうゆ | 塩分濃度が高いので、分量には注意 | ✕ | △ | ○ | ○ |
| みそ | だし入りではない無添加のものを使用 | ✕ | △ | ○ | ○ |
| ケチャップ | 塩分が多いのでごく少量だけを使用 | ✕ | △ | △ | ○ |
| ソース | 香辛料が使われているので、1歳以降に少量だけを使用 | ✕ | ✕ | ✕ | △ |
| 砂糖 | 果物や野菜などにも糖分は含まれるので、調味料の砂糖はなるべく控える。使うときは少量だけに | ✕ | △ | △ | ○ |
| マヨネーズ | 生卵が使われているので1歳までは加熱。使うときは少量だけに | ✕ | ✕ | △ | ○ |
| バター、オリーブ油 | 油脂類は食塩不使用のバターや植物性のオリーブ油がおすすめ | ✕ | △ | ○ | ○ |
| カレー粉 | 刺激が強いので、ごく少量を使用 | ✕ | ✕ | △ | △ |
| 酒、みりん | 使うときは加熱してアルコール分をしっかり飛ばしてからごく少量を使用 | ✕ | ✕ | △ | ○ |
| 酢 | 刺激が強いので、ごく少量を使用 | ✕ | ✕ | ✕ | △ |

# 6〜8週めの献立

モグモグ期
7〜8か月ごろ

5倍がゆにし、野菜の種類も増やして。卵は黄身から少しずつ。

用意する食材はコレ！

### 炭水化物

**5倍がゆ**
80g×5回分
➡P44

**うどん**
60g×2回分
➡P44

### ビタミン・ミネラル

**大根の葉**
5g×2回分
➡P45

**大根**
25g×2回分
➡P45

**オクラ**
20g×2回分
➡P46

**パプリカ**
25g×2回分
➡P46

**なす**
20g×2回分
➡P46

### たんぱく質

**黄身**
5g×2回分
➡P47

**鶏ひき肉**
15g×3回分
➡P47

**鮭**
15g×2回分
➡P47

### 常備食材

**ツナ缶**
10g×1回分、15g×1回分
油漬けではなく、水煮を使用。

**青のり** 少々×2回分
細かくなっているので消化にもよく、ミネラル豊富。

**粉チーズ**
少々×1回分、小さじ½×1回分
塩分が含まれているので、使いすぎには注意。

**牛乳** 大さじ2×1回分
必ず加熱して使う。

**かたくり粉** 適量
とろみづけに使う。

### 調味料・油

● **だし汁** ➡作り方P19
こんぶからとった和風だし。

● **しょうゆ**
数滴を使用。

● **野菜スープ** ➡作り方P19
にんじん、たまねぎなどからとったスープ。

● **みそ**
ほんのりと味がつくごく少量を使用。

● **ケチャップ**
塩分も入っているので、ごく少量を使用。

● **塩**
ほんのりと味がつくごく少量を使用。

## 1日め

大根の葉と
黄身のせがゆ 主食

ツナと大根の
あんかけ 主菜

### 大根の葉と黄身のせがゆ

●5倍がゆ 80g ＋ ●大根の葉 5g ＋ ●黄身 少々

① 5倍がゆに水少々をふり、電子レンジで50秒〜1分加熱してよく混ぜる。
② 大根の葉と黄身に水少々をふり、それぞれ電子レンジで10〜20秒加熱する。①にのせる。

### ツナと大根のあんかけ

●大根 25g ＋ ・だし汁 ¼カップ ・ツナ缶 10g ・しょうゆ 数滴 ・かたくり粉 少々

① 大根にだし汁をふり、電子レンジで20〜30秒加熱してよく混ぜる。
② ツナに熱湯をまわしかける。
③ ①に②、しょうゆ、かたくり粉を加え、電子レンジで10〜20秒加熱してよく混ぜる。

**7〜8か月**

### 青のりがゆ

●5倍がゆ 80g ＋ ●青のり 少々

① 5倍がゆに水少々をふり、電子レンジで50秒〜1分加熱してよく混ぜる。
② 青のりをふる。

### 鶏ひき肉とオクラのとろとろ煮

●オクラ 20g ＋ ●鶏ひき肉 15g ＋ ・だし汁 ¼カップ ・しょうゆ 数滴

① オクラにだし汁をふり、電子レンジで20〜30秒加熱してよく混ぜる。
② 鶏ひき肉に水少々をふり、電子レンジで20〜30秒加熱してよく混ぜる。①と合わせてしょうゆを加え、混ぜる。

## 2日め

青のりがゆ 主食

鶏ひき肉とオクラの
とろとろ煮 主菜

Point!
おかゆに大根葉と黄身をプラス

# 3日め

ツナとパプリカの
スープ煮 主菜

Point!
ツナのうま味を
生かして！

チーズがゆ 主食

## チーズがゆ

 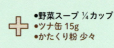
●5倍がゆ 80g ＋ ●粉チーズ 少々

① 5倍がゆに水少々をふり、電子レンジで50秒〜1分加熱してよく混ぜる。
② 粉チーズをふる。

## ツナとパプリカのスープ煮

●パプリカ 25g ＋ ●野菜スープ ¼カップ ●ツナ缶 15g ●かたくり粉 少々

① パプリカに野菜スープをふり、電子レンジで20〜30秒加熱してよく混ぜる。
② ツナに熱湯をまわしかける。
③ ①に②、かたくり粉を加え、電子レンジで10〜20秒加熱してよく混ぜる。

## 黄身とじやわらかうどん

●うどん 60g ＋ ●黄身 5g ＋ ●だし汁 ¼カップ

① うどんにだし汁をふり、電子レンジで50秒〜1分加熱してよく混ぜる。
② 黄身に水少々をふり、電子レンジで10〜20秒加熱する。①と合わせて混ぜる。

## 鶏ひき肉となすのみそ煮

●なす 20g ＋ ●鶏ひき肉 15g ＋ ●だし汁 ¼カップ ●みそ 少々 ●かたくり粉 少々

① なすと鶏ひき肉にだし汁をふり、それぞれ電子レンジで20〜30秒加熱してよく混ぜる。
② ①のなすにみそ、かたくり粉を加え、電子レンジで10〜20秒加熱して混ぜる。①の鶏ひき肉と合わせて混ぜる。

# 4日め

鶏ひき肉と
なすのみそ煮 主菜

黄身とじ
やわらかうどん 主食

# 5日め

パプリカと
鶏ひき肉の
チーズがゆ 主食

なすのケチャップ和え 副菜

7〜8か月

## パプリカと鶏ひき肉のチーズがゆ

● 5倍がゆ 80g ＋ ● パプリカ 25g ＋ ● 鶏ひき肉 10g ＋ ●野菜スープ ¼カップ ●粉チーズ 小さじ½

1. 5倍がゆに野菜スープをふり、電子レンジで50秒〜1分加熱してよく混ぜる。
2. パプリカと鶏ひき肉に水少々をふり、それぞれ電子レンジで20〜30秒加熱してよく混ぜる。①と合わせて粉チーズを加え、混ぜる。

## なすのケチャップ和え

● なす 20g ＋ ●ケチャップ 少々

1. なすに水少々をふり、電子レンジで20〜30秒加熱してよく混ぜる。
2. ①にケチャップを加え、混ぜる。

## オクラのとろとろうどん

● うどん 60g ＋ ● オクラ 20g ＋ ●だし汁¼カップ ●塩 少々

1. うどんにだし汁をふり、電子レンジで50秒〜1分加熱してよく混ぜる。
2. オクラに水少々をふり、電子レンジで20〜30秒加熱してよく混ぜる。①と合わせて塩を加え、混ぜる。

## 鮭と大根の煮物

● 大根 20g ＋ ● 鮭 15g ＋ ● 大根の葉 5g ＋ ●だし汁 ¼カップ ●かたくり粉 少々 ●しょうゆ 数滴

1. 大根にだし汁をふり、鮭と大根の葉に水少々をふり、それぞれ電子レンジで20〜30秒加熱してよく混ぜる。
2. ①の大根にかたくり粉を加え、電子レンジで10〜20秒加熱して混ぜる。①の鮭と大根の葉と合わせてしょうゆを加え、混ぜる。

# 6日め

オクラのとろとろうどん 主食

Point! 鮭と大根の相性が◎

鮭と大根の煮物 主菜

# 7日め

5倍がゆ 主食

鮭のミルク煮 青のり風味 主菜

## 5倍がゆ

●5倍がゆ 80g

5倍がゆに水少々をふり、電子レンジで50秒〜1分加熱してよく混ぜる。

## 鮭のミルク煮 青のり風味

●鮭 15g ＋ ●牛乳 大さじ2 ●みそ 少々 ●かたくり粉 少々 ●青のり 少々

① 鮭に牛乳をふり、電子レンジで20〜30秒加熱してよく混ぜる。
② ①にみそ、かたくり粉を加え、電子レンジで10〜20秒加熱してよく混ぜる。
③ 青のりをふる。

---

カミカミ期（9〜11か月ごろ）へ
モグモグ期から

### 食材のかたさと大きさは？
豆腐からバナナくらいのかたさに。みじん切りを少しずつ大きくしていきます。かむ練習のため少し食感を残して。

### あげる量は？
おかゆや野菜は、食べられそうであれば増やしていきましょう。肉、魚は目安量を守りましょう。

### 食べる回数は？
1日2回の離乳食が順調であれば、朝、昼、夕と大人と同じ時間の1日3回に増やします。

## ステップアップの目安

赤ちゃんに下のような様子が出てきたら、次のステップへ移るサインです。項目をチェックしてみましょう。

### 赤ちゃんの様子をチェック

☐ 食べることに興味を見せ、手を伸ばして食べ物を取ろうとする。

☐ 上あごを使って食べ物をつぶすことができ、すぐに飲み込まずに、左右に口が動いている様子が見られる。

☐ 1日2回の食事のリズムができてきた。

## 7〜8か月ごろ Q&A
モグモグ期

**Q** ミルクが大好きで あまり離乳食を食べません。

**A** 離乳食は食べる練習。まだ好きなだけミルクを飲んでOKな時期です。

離乳食の最初のころは食材から栄養をとる、というよりは食べる練習が目的なので、離乳食のあとにおっぱいやミルクを好きなだけ飲ませてもよい、とされています。7〜8か月の赤ちゃんは、離乳食4に対してミルク6の割合で栄養をとるのが理想ですが、個人差もあるのであまり気にせず進めましょう。

**Q** 午前中に 離乳食の時間が なかなか取れません。

**A** 離乳食と離乳食の間隔を4時間は空けるように設定しましょう。

赤ちゃんの消化具合から考えると午前10時ごろを1回め、午後2時ごろを2回めとするのが理想的です。しかし、これはあくまで目安ですから赤ちゃんやママの負担にならない各家庭の生活リズムに合わせた時間で大丈夫。ただし、3回食になると、どうしても1回めは午前中にあげることになりますので、今のうちから生活リズムを整えておいたほうがよいでしょう。

**Q** 前歯が上下生え揃ってきたら、ステップアップするべきでしょうか。

**A** 早いうちからかための食材を出してしまうと飲み込む癖がついてしまうことも。

個人差はありますが、1歳前後で上下の前歯、計8本が生えてきます。少し早い時期に前歯が生え揃った場合、もうかたいものを与えても大丈夫じゃないかと思いがちですが、この時期までの離乳食は歯ではなく、舌を使って食べる練習というのが基本の考え。しっかり口をモグモグと動かして、つぶし食べができるようになることが、この時期の目的なので、あまりかたいものは与えないようにしましょう。

**Q** 野菜がうんちに そのまま出てきますが、大丈夫でしょうか。

**A** 繊維が残りやすい食材は繊維を断ち切ってから与えましょう。

野菜に含まれる食物繊維は消化されにくいので、そのまま出てくることはよくあります。また、にんじんやきのこ、海藻類、とうもろこしなどは特に消化しにくく、うんちに残っていることもありますが、赤ちゃんが不機嫌になっていたり、下痢をしているわけでなければ、消化に関して大きな問題ではありませんので、そのまま与えていても大丈夫でしょう。

## カミカミ期

### 1日3食のリズムが整ってくるころ
# 9〜11か月ごろ

歯ぐきで上手に食べ物をかみつぶせるようになり、食べたい気持ちが行動に現れるようになります。
手づかみ食べを積極的にさせて、赤ちゃんが楽しい気持ちで食べられる雰囲気作りをしましょう。

### スタート時期は？
**歯ぐきで上手にかみ、意欲的に食べるようになる**

食べたい気持ちが高まり、自ら食べ物に手を伸ばし始めます。口をモグモグと動かして、上手に飲み込んでいるようであれば、朝・昼・夕と1日3回食に進みます。食事の間隔は4時間以上は空けて、夕飯は午後7時ごろまでにすませましょう。

### 食べられるかたさは？
**かむ練習をする時期なのでやわらかすぎないように**

歯ぐきでかみつぶせる程度で、バナナくらいのかたさが目安です。ご飯は5倍がゆからスタートし、慣れてきたら徐々に水分量を減らして軟飯へとステップアップします。やわらかすぎるものばかりでは、かむ練習にならないので気をつけましょう。

### あげる量は？
**鉄分不足になりやすいので意識的に献立作りを**

1日に必要な栄養の6割程度を離乳食から摂取するようになります。

今まで離乳食後におっぱいやミルクを飲んでいた場合も、欲しがらなかったら飲ませなくても構いません。ただし、鉄分が不足してくる時期なので、ほうれん草やまぐろなど鉄分を含む食材をメニューに取り入れるようにしましょう。

### 食べさせ方は？
**積極的に手づかみ食べがしやすい献立に**

手づかみ食べを積極的に取り入れたい時期なので、ベビーチェアの高さをテーブルとちょうどいい位置に合わせましょう。足が床や板に着いていると、かむ力もしっかりと発揮できるようになります。
また、手づかみ食べがしやすいようにスティック状にしたメニューなども加えてみてください。遊び食べも始まる時期ですが、通過点ですので怒らずに見守ってあげましょう。

**積極的に手づかみ食べを**

### 1日のタイムスケジュール例

- ●回数：1日3回食になります。
- ●あげるタイミング：朝・昼・夕の食事の間隔は4時間以上空けるようにしましょう。
- ●授乳タイム：食後、おっぱいやミルクを欲しがらなければ与えなくても構いません。

**実物大！**

# 1食分の量とかたさ

口に入れたとき、食べ物を出してしまうようであれば、かたさや大きさが合っていないのかもしれません。見直してみましょう。

**9〜11か月**

## たんぱく質食材

### 豆腐

絹ごし豆腐を電子レンジで加熱して、7mm角にカットします。豆腐は水分を含むため45gくらいまで。肉や魚は15〜20gを目安に与えます。

● 食べられる食材例 ●
いわし、鶏もも肉や牛ひき肉など、油分の多い食材も食べられるようになります。

## 炭水化物食材

### 5倍がゆ〜軟飯

5倍がゆを作ります。最初は5倍がゆから始めて、徐々に水分を少なくし、軟飯にします。

● 食べられる食材例 ●
パン、うどんに加えてスパゲッティなども食べられます。1cmの長さにカットします。

## ビタミン・ミネラル食材

### にんじん

皮をむいて1cmの輪切りにしたにんじんをやわらかくゆで、フォークでつぶします。

● 食べられる食材例 ●
ブロッコリー、アスパラガス、いんげんなどやわらかくゆでて与えます。

**管理栄養士からのアドバイス**
舌を上手に動かして食べ物を歯ぐきに寄せることができるようになります。かみつぶす練習のためにも、食材をやわらかくしすぎないように！

**Point**
- 量　　肉や魚は15g以内に
- かたさ　バナナくらいのかたさ
- 調理法　加熱して適度なやわらかさに

※このまま1食分の献立にもなります。

## カミカミ期

# 9〜11か月ごろの おすすめ食材

おいしい フリージング方法

ゴックン、モグモグができるようになると、歯ぐきを使ってかめるようになります。少し歯ごたえがあり、食材の形が残る離乳食にシフトしましょう。

---

### 炭水化物

## スパゲッティ

**材料** スパゲッティ 100g
**1回の目安量** 50g

1. 沸騰した湯にスパゲッティを入れ、表示時間よりも1分ほど長めにゆでる。
2. ゆであがったら、1cm長さに切る。

*芯を残さずやわらかめにゆでる*

5等分して小分け容器で冷凍

**下ごしらえポイント**

**食べやすい長さに切っておく**

スパゲッティはやわらかめにゆでたあと、食べやすいように1cm程度の長さに切り、冷凍しておくと、解凍後の手間が少なくなります。

---

## 軟飯

**材料** ご飯 300g
水 1と½カップ
**1回の目安量** 80g

1. 鍋に水とご飯を入れ、ほぐしながら中火にかける。
2. 沸騰したら弱火にし、ふたを少しずらして、なるべくかき混ぜず、4〜5分ほど煮る。
3. 火を止め、4〜5分蒸らして冷ます。

*大人のご飯より少しやわらかめ*

5等分して小分け容器で冷凍

**管理栄養士からのアドバイス**

軟飯はおかゆより比較的簡単に作ることができるので、その都度作って、冷凍しなくてもOKです。

---

## 5倍がゆ

**材料** ご飯 250g
水 2と½カップ
**1回の目安量** 90g

1. 鍋に水とご飯を入れ、ほぐしながら中火にかける。
2. 沸騰したら弱火にし、ふたを少しずらして、なるべくかき混ぜず、10分ほど煮る。

*水分がだいぶ少なくなる*

5等分して小分け容器で冷凍

---

## うどん

**材料** ゆでうどん 200g
**1回の目安量** 60g

1. 包丁で7〜8mm長さに切る。
2. 鍋に水と①を入れ、ほぐしながら中火にかけ、やわらかくなるまでゆでる。

*短くカットしてからゆでる*

5等分して小分け容器で冷凍

## ビタミン・ミネラル

### にんじん

指で押しつぶせるかたさ

**材料** にんじん（皮をむいたもの） 120〜160g
**1回の目安量** 30〜40g

1. 1cm幅の輪切りにする。
2. 水からやわらかくなるまでゆでる。
3. 7mm角に切る。
→レシピ P81、82、91、92、93

4等分して小分け容器で冷凍

### 大根

水からゆでて7mm角に

**材料** 大根（皮をむいたもの） 120〜160g
**1回の目安量** 30〜40g

1. 1cm幅の輪切りにする。
2. 水からやわらかくなるまでゆでる。
3. 7mm角に切る。
→レシピ P80、81、85、87

4等分して小分け容器で冷凍

### 里いも

ねっとりとした食感

**材料** 里いも（皮をむいたもの） 120〜160g
**1回の目安量** 30〜40g

1. 水からやわらかくなるまでゆでる。
2. 7mm角に切る。
→レシピ P75、76、93、94

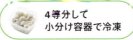

4等分して小分け容器で冷凍

### いんげん

半分に割いてから切る

**材料** いんげん 130〜170g
**1回の目安量** 30〜40g

1. 熱湯でやわらかくなるまでゆで、水にさらす。
2. ヘタとヒゲを切り、手で割く。
3. 7mm長さに切る。
→レシピ P80、83、91、92

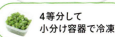

4等分して小分け容器で冷凍

#### 下ごしらえポイント

**さやは手で真ん中から割く**

やわらかくゆでたいんげんは、真ん中から手で引っ張ると割きやすいです。ヘタとヒゲを取り、繊維を断ち切るように少し斜めに切ります。

### アスパラガス

やわらかい部分だけを

**材料** アスパラガス（はかま、下のかたいところを取り除いたもの） 120〜160g
**1回の目安量** 30〜40g

1. 熱湯でやわらかくなるまでゆでる。
2. 5mm幅で斜めに切る。
→レシピ P80、82

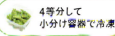

4等分して小分け容器で冷凍

**9〜11か月**

#### 下ごしらえポイント

**いちょう切りにして、食感を変える**

根菜類は角切りのほかに、いちょう切りにすれば食感も変わり、料理によって使い分けができて便利。

にんじん / 大根 / 里いも

#### 下ごしらえポイント

**繊維を断ち切るよう斜め切りに**

アスパラガスはやわらかい部分でも赤ちゃんには筋があって食べにくいので、繊維を断ち切るように斜めに切ります。

## ビタミン・ミネラル

### かぼちゃ

煮崩れに注意する

**材料** かぼちゃ
（皮と種を取り除いたもの）
120〜160g
**1回の目安量** 30〜40g

1. 7mm幅に切り、水からゆでて、煮崩れる前に取り出す。
2. 7mm角に切る。
→レシピ P76、77

4等分して
小分け容器で冷凍

### なす

油で炒めておく

**材料** なす（皮をむいたもの）
120〜160g
サラダ油 小さじ2
**1回の目安量** 30〜40g

1. 7mm角に切り、水にさらす。
2. 水けをきったら、フライパンにサラダ油を中火で熱し、なすを入れ、やわらかくなるまで炒める。
→レシピ P86、87

4等分して
小分け容器で冷凍

**下ごしらえポイント**

**少量の油で炒めてよりおいしく**

なすは7mm角に切ったあと、少量の油で炒めておきます。こうすることで、コクが出て、味もよくなって食べやすくなります。

**下ごしらえポイント**

**身は包丁で叩き、ミンチ状にする**

いわしは、包丁で叩き、細かいミンチ状に。食感がよくなり、食べやすくなります。

### ほうれん草

繊維を断ち切る

**材料** ほうれん草
（葉先部分のみ）
120〜160g
**1回の目安量** 30〜40g

1. 熱湯でやわらかくなるまでゆで、水にさらす。
2. 水けをきり、7mm長さに切る。
→レシピ P75、76、91、92、94

4等分して
小分け容器で冷凍

### 小松菜

葉先のみを使う

**材料** 小松菜（葉先部分のみ）
120〜160g
**1回の目安量** 30〜40g

1. 熱湯でやわらかくなるまでゆで、水にさらす。
2. 水けをきり、7mm長さに切る。
→レシピ P81、82、86、88

4等分して
小分け容器で冷凍

### ブロッコリー

大きめのあらみじん切り

**材料** ブロッコリー
120〜160g
**1回の目安量** 30〜40g

1. 小房に分けて、熱湯でやわらかくなるまでゆでる。
2. 水けをきり、穂先部分を少し大きめのあらみじん切りにする。
→レシピ P75、78

4等分して
小分け容器で冷凍

### キャベツ

かたい芯は取り除いて

**材料** キャベツ
（芯を取り除いたもの）
120〜160g
**1回の目安量** 30〜40g

1. 熱湯でやわらかくなるまでゆでる。
2. 水けをきり、7mm角に切る。
→レシピ P85、87、88

## たんぱく質

### ぶり

**材料**
ぶり（骨と皮を取り除いたもの）60g
塩 少々
小麦粉 少々
サラダ油 小さじ½
● 調味料A
　しょうゆ 小さじ¼
　みりん 小さじ¼
　だし汁 小さじ1

**1回の目安量** 15g

味つけは薄めの照り焼きに

2切れずつ
ラップで包んで冷凍

① 8枚のそぎ切りにする。
② 塩をふり、小麦粉をまぶす。
③ フライパンにサラダ油を中火で熱し、②を皮目から入れて、両面をしっかり焼く。Aを合わせ、まわし入れてからめる。

→レシピ P81、82、91、93

### 鶏ひき肉

**材料**
鶏ひき肉 60g
だし汁 大さじ1
しょうゆ 小さじ¼
みりん 小さじ¼
水溶きかたくり粉（かたくり粉を同量の水で溶かす）少々

**1回の目安量** 15g

優しい味のそぼろで保存

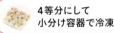
4等分にして
小分け容器で冷凍

① 鍋にだし汁と鶏ひき肉、しょうゆ、みりんを入れ、ほぐしてから火にかける。
② 鶏ひき肉が白くなるまで火を通したら、水溶きかたくり粉でとろみをつける。

→レシピ P80、81、91、94

### あじ

**材料**
あじ（骨と皮を取り除いたもの）60g
塩 少々
小麦粉 少々
バター 4g

**1回の目安量** 15g

バターで焼いて香ばしく

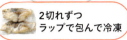
2切れずつ
ラップで包んで冷凍

① 8枚のそぎ切りにする。
② 塩をふり、小麦粉をまぶす。
③ フライパンにバターを中火で溶かし、②を皮目から入れて、両面をしっかり焼く。

→レシピ P80、83

### さわら

**材料**
さわら（骨と皮を取り除いたもの）60g
塩 少々
小麦粉 少々
オリーブ油 小さじ½

**1回の目安量** 15g

くせがなく食べやすい

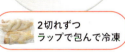
2切れずつ
ラップで包んで冷凍

① 8枚のそぎ切りにする。
② 塩をふり、小麦粉をまぶす。
③ フライパンにオリーブ油を中火で熱し、②を皮目から入れて、両面をしっかり焼く。

→レシピ P86

### いわし

**材料**
いわし（刺身用）60g
塩 少々
かたくり粉 少々

**1回の目安量** 15g

刺身用を使う

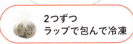
2つずつ
ラップで包んで冷凍

① 包丁で身を叩きミンチ状にする。
② かたくり粉を混ぜて、8個のだ円形に丸める。
③ 沸騰した湯に入れ、色が変わって浮いてきたら取り出す。

→レシピ P76、77

9〜11か月

## たんぱく質

### 牛ひき肉

**材料**
- 牛ひき肉 60g
- 野菜スープ 大さじ1
- 塩 少々
- 水溶きかたくり粉 少々

**1回の目安量** 15g

とろみをつけて食べやすく

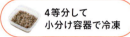

4等分して小分け容器で冷凍

1. 鍋に野菜スープと塩、牛ひき肉を入れ、ほぐしてから火にかける。
2. 中まで火を通したら、水溶きかたくり粉でとろみをつける。

→レシピ P77、78、92、93

### 鶏もも肉

**材料**
- 鶏もも肉（皮と筋を取り除いたもの）60g

**1回の目安量** 15g

身を薄くしてしっかり加熱

4等分して小分け容器で冷凍

1. そぎ切りにする。
2. 水からゆでて、中まで火を通す。
3. 手で細かく割く。

→レシピ P75、76

### 牛赤身肉

**材料**
- 牛赤身肉 60g
- 塩 少々
- 小麦粉 少々
- サラダ油 小さじ½

**1回の目安量** 15g

脂肪分が少ない赤身は炒めて

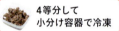

4等分して小分け容器で冷凍

1. 1cm幅に切る。
2. 塩をふり、小麦粉をまぶす。
3. フライパンにサラダ油を中火で熱し、②を入れて色が変わるまで火を通す。

→レシピ P85、88

---

## COLUMN 3　歯みがきはいつから？

離乳食が始まるころ、かわいい小さな歯が生えてきます。楽しい雰囲気で歯みがきに慣れ親しむことから始めましょう。

### 最初はガーゼでやさしくふいて

　歯が生えてくる時期には個人差はありますが、6か月前後になると、下の前歯が生えてくるようになります。歯が生えてきたからといって、いきなり歯ブラシを使わなくても大丈夫。下の歯付近は自浄作用のある唾液がたまりやすく、虫歯になりにくい場所なので、まずはガーゼで離乳食を食べた後や寝る前に、歯を拭いてあげることから始めましょう。赤ちゃんも口の中を触られることに徐々に慣れていきます。上の前歯が生え、上下4本生えてくるころを目安に、歯ブラシを使ったケアを始めましょう。

### 歯が生える時期の目安

- ☐ 〜6か月ごろ
  下の前歯が生えてくる
- ☐ 〜1歳ごろ
  上下の前歯4本ずつ計8本が生えてくる
- ☐ 〜1歳6か月ごろ
  奥歯（第一乳臼歯）が生え、12本になる

※歯が生えるスピードや順番は個人差があり、半年くらい前後することもあります。

\\ バリエーションがグンと広がる //
# お手製ソース2種

手作りのソースがあると味に変化がつき、赤ちゃんにも安心して食べさせることができます。

## ホワイトソース

**材料** 牛乳 1と½カップ / 小麦粉 大さじ2 / バター 大さじ2

**❶ バターを溶かし小麦粉を加える**
フライパンにバターを中火で溶かし、小麦粉を加える。

**❷ 混ぜながら牛乳を加える**
だまにならないように混ぜながら、全体がふつふつするまで炒めて、牛乳を少しずつ加える。

**❸ できあがり**
全体がなめらかになったら、できあがり。

**❹ 保存袋で冷凍する**
冷めたら、冷凍用保存袋に平らに入れてフリージングする。

## トマトソース

**材料** トマト水煮(ホール)1缶 / オリーブ油 大さじ1 / 塩 小さじ¼ / たまねぎ ¼個 / 砂糖 小さじ1

9〜11か月

**❶ トマト水煮を裏ごしする**
トマト水煮はざるに入れ、へらなどでつぶすようにして裏ごしをする。たまねぎはみじん切りにする。

**❷ たまねぎを炒めてトマトを加える**
オリーブ油でたまねぎをあめ色になるまでよく炒め、トマト水煮、砂糖、塩を加える。

**❸ できあがり**
弱火でふつふつとさせながら10分煮たら、できあがり。

**❹ 保存袋で冷凍する**
冷めたら、冷凍用保存袋に平らに入れてフリージングする。

### ●フリージングしたソースの使い方

必要な分だけ、手で折って使います。折れやすいように薄く平らにフリージングしましょう。

### 使い方ポイント

**作っておけば手軽に使える**

スパゲッティと煮れば、定番のトマト味やホワイトソースのパスタに。温めて魚や肉にかけてもよいでしょう。食材と混ぜてチーズをかけ、オーブンで焼けばグラタンも簡単に。

# 1〜2週めの献立

カミカミ期　9〜11か月ごろ

おかゆは5倍がゆに。スパゲッティを加えて主食に変化を。

\ 用意する食材はコレ！ /

### ・炭水化物・

**5倍がゆ**
90g×5回分
➡P68

**スパゲッティ**
50g×2回分
➡P68

### ・ビタミン・ミネラル・

**ブロッコリー**
35g×2回分
➡P70

**里いも**（角切り）
25g×2回分
➡P69

**ほうれん草**
30g×3回分
➡P70

**かぼちゃ**
30g×2回分
➡P70

### ・たんぱく質・

**鶏もも肉**
15g×2回分
➡P72

**いわし**
15g×2回分
➡P71

**牛ひき肉**
15g×2回分
➡P72

### ・常備食材・

**卵** ½個×1回分
しっかりと火を通す。1食につき全卵½個までが目安。

**プレーンヨーグルト**
40g×1回分
無糖タイプのヨーグルトを使う。

**粉チーズ** 少々×1回分
塩分が含まれているので、使いすぎに注意。

**クリームコーン缶**
20g×1回分
塩や砂糖が含まれるので、使いすぎに注意。

**牛乳** 75㎖×1回分
必ず加熱して使う。

**キウイ** 30g×1回分
熟しているものを選ぶ。

**カッテージチーズ**
10g×1回分
高たんぱく低脂肪で、味のアクセントにもなる。

**かたくり粉** 適量
食材の量が多い場合は、同量の水で溶いた水溶きかたくり粉が混ぜ合わせやすく便利。

### 調味料・油

- **バター**
通常のバターは塩分が多いので食塩不使用のものを使う。

- **だし汁** ➡作り方P19
こんぶからとった和風だし。

- **しょうゆ**
数滴を使用。

- **みそ**
ほんのりと味がつく程度に少量を使用。

- **ホワイトソース** ➡作り方P73
牛乳と小麦粉、バターで作ったソース。

- **野菜スープ** ➡作り方P19
にんじん、たまねぎなどからとったスープ。

- **塩**
ほんのりと味がつく程度を使用。

- **トマトソース** ➡作り方P73
トマトとたまねぎなどで作ったソース。

**管理栄養士からのアドバイス**
たくさんの油脂を摂取することは赤ちゃんの消化器官に負担をかけますが、少量の油脂分はエネルギーにもなるので、少しずつメニューに加えます。

# 1日め

## 5倍がゆ

- 5倍がゆ 90g

5倍がゆに水少々をふり、電子レンジで50秒〜1分加熱してよく混ぜる。

## ブロッコリースクランブルエッグ

- ブロッコリー 35g
- ＋
- バター 小さじ½
- 卵 ½個

① ブロッコリーに水少々をふり、電子レンジで20〜30秒加熱する。
② フライパンにバターを中火で溶かし、溶いた卵と①を入れ、卵が完全にかたまるまで炒める。

## プレーンヨーグルト

- プレーンヨーグルト 40g

---

# 9〜11か月

## 5倍がゆ（上段参照）

## 里いもと鶏もも肉の煮物

- 里いも 25g
- ＋
- 鶏もも肉 15g
- ＋
- だし汁 大さじ3
- しょうゆ 数滴
- かたくり粉 少々

① 里いもにだし汁をふり、電子レンジで20〜30秒加熱して混ぜる。
② 鶏もも肉に水少々をふり、電子レンジで20〜30秒加熱して混ぜる。
③ ②にしょうゆ、かたくり粉を加え、電子レンジで10〜20秒加熱して混ぜる。①と合わせて混ぜる。

## ほうれん草のみそ汁

- ほうれん草 10g
- ＋
- だし汁 ½カップ
- みそ 小さじ½

鍋にだし汁を煮立て、ほうれん草を入れ、再び煮立ったら、みそを溶き入れる。

---

# 2日め

Point! かむ練習にもぴったり

# 3日め

5倍がゆ 主食

Point! 団子状だから調理も楽チン！

いわしとほうれん草のだし煮 主菜

里いものみそ和え 副菜

## 5倍がゆ（P75参照）

### いわしとほうれん草のだし煮

●いわし 15g ＋ ●ほうれん草 10g ＋ ・だし汁 大さじ3 ・しょうゆ 数滴 ・かたくり粉 少々

❶ いわしにだし汁をふり、電子レンジで20〜30秒加熱する。
❷ ほうれん草に水少々をふり、電子レンジで20〜30秒加熱する。
❸ ②にしょうゆ、かたくり粉を加え、電子レンジで10〜20秒加熱してよく混ぜる。①をのせる。

### 里いものみそ和え

●里いも 25g ＋ ・みそ 少々 ・だし汁 小さじ1

❶ 里いもに水少々をふり、電子レンジで20〜30秒加熱する。
❷ みそをだし汁でのばして、①を和える。

## 5倍がゆ（P75参照）

### 鶏肉とほうれん草のグラタン

●ほうれん草 30g ＋ ●鶏もも肉 15g ＋ ・ホワイトソース 大さじ1 ・粉チーズ 少々

❶ ほうれん草、鶏もも肉、ホワイトソースに水少々をふり、それぞれ電子レンジで20〜30秒加熱する。
❷ ①を混ぜ合わせて、粉チーズをふり、トースターで焼き色がつくまで焼く。

### かぼちゃのスープ

●かぼちゃ 10g ＋ ・野菜スープ ½カップ ・塩 少々

鍋に野菜スープを煮立て、かぼちゃを入れ、再び煮立ったら、塩で味を調える。

# 4日め

かぼちゃのスープ 副菜

鶏肉とほうれん草のグラタン 主菜

5倍がゆ 主食

## 5日め

クリームコーンスープ 副菜

いわしのトマトソース 主食
スパゲッティ

### いわしのトマトソーススパゲッティ

- ● スパゲッティ 50g
- ● いわし 15g
- ・トマトソース 大さじ1
- ・野菜スープ 大さじ1

① スパゲッティ、いわし、トマトソースに水少々をふり、それぞれ電子レンジで20〜30秒加熱する。
② 鍋に①と野菜スープを入れ、煮る。

### クリームコーンスープ

- ・クリームコーン缶 20g
- ・牛乳 75㎖ 少々
- ・水溶きかたくり粉 少々

鍋にクリームコーンと牛乳を合わせて煮て、水溶きかたくり粉でとろみをつける。

---

9〜11か月

5倍がゆ（P75参照）

### かぼちゃのそぼろ煮

- ● かぼちゃ 30g
- ● 牛ひき肉 15g

かぼちゃと牛ひき肉に水少々をふり、それぞれ電子レンジで20〜30秒加熱する。合わせて混ぜる。

### キウイのカッテージチーズ和え

- ・キウイ 30g
- ・カッテージチーズ 10g

キウイを薄いいちょう切りにし、カッテージチーズで和える。

## 6日め

5倍がゆ 主食

かぼちゃのそぼろ煮 主菜

キウイのカッテージチーズ和え 副菜

Point! チーズで酸味がまろやかに

## 7日め

牛ひき肉とブロッコリーのスパゲッティ 主食

### 牛ひき肉とブロッコリーのスパゲッティ

● スパゲッティ 50g ＋ ● ブロッコリー 35g ＋ ● 牛ひき肉 15g

＋ ●野菜スープ ½カップ
　●塩 少々

鍋に野菜スープを煮立て、塩以外の材料をすべて入れ、煮る。塩で味を調える。

---

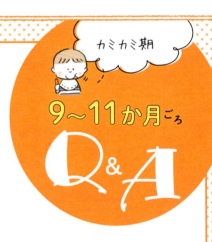

カミカミ期

## 9～11か月ごろ Q&A

**Q** やわらかいものならプリンやアイスを与えても大丈夫？

**A** 糖分や油脂、添加物などは体の負担になります。

　食感がやわらかく、消化もよさそうなので、ついプリンやアイスなら与えてもOKと思いがち。しかし、プリンやアイスには糖分や油脂、さらに添加物なども含まれていることもあるので、赤ちゃんの体には負担。市販の大人向けのものは控えましょう。カミカミ期になり、赤ちゃん用のものを少量ならば与えてもよいですが、人工的な甘い味に慣れてしまうと、自然素材の甘みなどがわかりにくくなってしまうので、無理して与えることはありません。

**Q** 風邪をひいてから、あまり食べなくなってしまいました。

**A** 胃腸が弱っていることが多いので、食欲の回復を待ちましょう。

　体調を崩すと内臓が弱ってしまい、食欲がすぐには戻らないことがあります。食欲がないときは白湯や麦茶、赤ちゃん用のイオン飲料などで水分補給を第一に心がけましょう。おかゆやうどんなどのどごしのよいものや、ビタミン・ミネラルの補給のためにすりおろしたりんごやバナナなど消化吸収しやすいものを与えて、様子を見ながら離乳食を進めましょう。

# 3〜5週めの献立

**カミカミ期 9〜11か月ごろ**

新しい種類の魚を加えます。おかゆは5倍がゆを基本に。

\ 用意する食材はコレ！ /

### 炭水化物

**5倍がゆ**
90g×5回分
➡P68

**うどん**
60g×2回分
➡P68

### ビタミン・ミネラル

**アスパラガス**
35g×2回分
➡P69

**いんげん**
35g×2回分
➡P69

**大根**（角切り）
20g×2回分
➡P69

**小松菜**
20g×2回分
➡P70

**にんじん**（角切り）
20g×3回分
➡P69

### たんぱく質

**あじ**
15g×2回分
➡P71

**鶏ひき肉**
15g×2回分
➡P71

**ぶり**
15g×2回分
➡P71

## ＋

### 常備食材

**卵** ½個×1回分
しっかりと火を通す。1食につき全卵½個までが目安。

**豆腐**
25g×1回分、10g×1回分
なめらかな舌触りの絹ごし豆腐を使う。

**ツナ缶** 5g×1回分
油漬けタイプはこの時期には使えない。

**カットわかめ**
少々×1回分
乾燥タイプ。塩蔵わかめは塩分が強いので使わない。

**粉チーズ**
小さじ1×1回分
塩分が含まれているので、使いすぎに注意。

**かたくり粉** 適量
食材の量が多い場合は、同量の水で溶いた水溶きかたくり粉が混ぜ合わせやすく便利。

### 調味料・油

● **ケチャップ**
塩分も入っているので、少量を使用。

● **オリーブ油**
サラダ油より酸化しにくいオリーブ油を。

● **塩**
ほんのりと味がつく程度を使用。

● **だし汁** ➡作り方 P19
こんぶからとった和風だし。

● **しょうゆ**
数滴から少量を使用。

● **野菜スープ** ➡作り方P19
にんじん、たまねぎなどからとったスープ。

● **みそ**
ほんのりと味がつく程度に少量を使用。

● **トマトソース** ➡作り方 P73
トマトとたまねぎなどで作ったソース。

**管理栄養士からのアドバイス**
塩分、糖分、油分を控えめにするのは基本ですが、あまりに淡白すぎると食が進まないことも。少量の調味料や油分は使ってもOK！

# 1日め

5倍がゆ 主食
アスパラガスのソテー 副菜
あじのムニエル 主菜

## 5倍がゆ

● 5倍がゆ 90g

5倍がゆに水少々をふり、電子レンジで50秒〜1分加熱してよく混ぜる。

## あじのムニエル

● あじ 15g ＋ ●ケチャップ 適量

① あじに水少々をふり、電子レンジで20〜30秒加熱する。
② ケチャップを添える。

## アスパラガスのソテー

● アスパラガス 35g ＋ ●オリーブ油 少々 ●塩 少々

① アスパラガスに水少々をふり、電子レンジで20〜30秒加熱する。
② フライパンにオリーブ油を熱し、①を炒め、塩で味を調える。

---

## 鶏ひき肉といんげんのあんかけうどん

● うどん 60g ＋ ● 鶏ひき肉 15g ＋ ● いんげん 15g ＋ ●だし汁 ¾カップ ●しょうゆ 数滴 ●水溶きかたくり粉 少々

① 鍋にだし汁を煮立て、うどん、鶏ひき肉、いんげんを入れ、煮る。
② ①にしょうゆと水溶きかたくり粉を加え、とろみがつくまで煮る。

## 大根のかき玉スープ

● 大根 15g ＋ ●野菜スープ ½カップ ●卵 ½個 ●塩 少々

① 鍋に野菜スープを煮立て、大根を入れ、煮る。
② ①に溶いた卵をまわし入れ、しっかり火を通し、塩で味を調える。

# 2日め

大根のかき玉スープ 副菜

Point! 麺と一緒に具も口の中へ

鶏ひき肉といんげんのあんかけうどん 主食

80

## 3日め

5倍がゆ 主食
小松菜のスープ 副菜
鶏ひき肉と豆腐の麻婆風 主菜

Point! おかゆにのせて丼風にしても

### 5倍がゆ（P80参照）

### 鶏ひき肉と豆腐の麻婆風

- 鶏ひき肉 10g
- だし汁 大さじ2
- 豆腐 25g
- ケチャップ 小さじ⅛
- みそ 小さじ⅛
- 水溶きかたくり粉 少々

❶ 鶏ひき肉にだし汁をふり、電子レンジで20〜30秒加熱する。
❷ 鍋に❶と豆腐、ケチャップ、みそを入れ、煮る。
❸ ❷に水溶きかたくり粉を加え、とろみがつくまで煮る。

### 小松菜のスープ

- 小松菜 15g
- 野菜スープ ½カップ
- しょうゆ 少々

鍋に野菜スープを煮立て、小松菜を入れ、再び煮立ったら、しょうゆで味を調える。

---

## 9〜11か月

### 5倍がゆ（P80参照）

### ぶり大根

- ぶり 15g
- 大根 20g
- だし汁 大さじ2
- しょうゆ 小さじ¼
- かたくり粉 少々

❶ ぶりに水少々をふり、電子レンジで20〜30秒加熱する。
❷ 大根にだし汁をふり、電子レンジで20〜30秒加熱する。
❸ ❷にしょうゆ、かたくり粉を加え、さらに10〜20秒加熱してよく混ぜる。❶にのせる。

### にんじんの煮物

- にんじん 20g
- だし汁 大さじ2
- かたくり粉 少々

❶ にんじんにだし汁をふり、電子レンジで20〜30秒加熱してよく混ぜる。
❷ ❶にかたくり粉を加え、さらに10〜20秒加熱してよく混ぜる。

---

## 4日め

5倍がゆ 主食
にんじんの煮物 副菜
ぶり大根 主菜

## 5日め

5倍がゆ 主食

アスパラガスとにんじんの白和え 副菜

Point! 手づかみ食べにぴったり

ぶりのやわらか照り焼き 主菜

### 5倍がゆ（P80参照）

### ぶりのやわらか照り焼き

●ぶり 15g

ぶりに水少々をふり、電子レンジで20〜30秒加熱する。

### アスパラガスとにんじんの白和え

●アスパラガス 20g ＋ ●にんじん 15g ＋ ●豆腐 10g ●しょうゆ 数滴

1. アスパラガスとにんじんに水少々をふり、それぞれ電子レンジで20〜30秒加熱する。
2. 豆腐をすりつぶし、しょうゆを加え、①を和える。

---

## ツナと小松菜のやわらかうどん

●うどん 60g ＋ ●小松菜 20g ＋ ●ツナ缶 5g ●だし汁 ½カップ ●みそ 少々

鍋にだし汁を煮立て、みそ以外の材料を入れ、煮る。煮立ったらみそを加える。

## にんじんとわかめのスープ

●にんじん 15g ＋ ●野菜スープ ½カップ ●カットわかめ 少々

鍋に野菜スープを煮立て、にんじんとわかめを入れ、煮立たせる。

## 6日め

にんじんとわかめのスープ 副菜

ツナと小松菜のやわらかうどん 主食

いんげんの粉チーズ和え 副菜

5倍がゆ 主食

あじのトマトソースがけ 主菜

## 7日め

### 5倍がゆ（P80参照）

### あじのトマトソースがけ

● あじ 15g
＋
・トマトソース 大さじ1
・野菜スープ 小さじ1

① あじに水少々をふり、電子レンジで20～30秒加熱する。
② トマトソースに野菜スープをふり、電子レンジで20～30秒加熱してよく混ぜる。①にかける。

### いんげんの粉チーズ和え

● いんげん 35g
＋
・粉チーズ 小さじ1

① いんげんに水少々をふり、電子レンジで20～30秒加熱する。
② ①を粉チーズで和える。

---

## 7～8か月ごろ Q&A　モグモグ期

### 9～11か月

**Q 主食のバリエーションを増やしたいです。**

**A 常備食材を活用して飽きさせないように。**

主食はおかゆが多く登場することになりがちですが、1日のうちでバリエーションをもたせてあげると飽きずに食べてくれるはずです。うどん、スパゲッティ、マカロニ、そうめん、パン、プレーンのコーンフレーク、いも類、バナナなども代わりに使うことができますので、おかゆに飽きているな、と思ったら、かた苦しく考えないで、臨機応変に常備食材でまかなう、というのも方法です。赤ちゃんの様子を見ながら、主食を変えてみてもいいでしょう。

**Q 3回食になり、同じようなおかずが続いてしまいます。**

**A 食材を増やすのではなく、調味料や常備食材で工夫してみましょう。**

少しずついろいろな食材が食べられるようになってきているとはいえ、味の変化がつけられず、マンネリ化しているのではないかと心配になる時期かもしれません。和風だし、野菜スープのほかにも、少量であれば塩やしょうゆ、みそ、ケチャップなどの調味料を加えたり、バター、粉チーズ、青のり、かつお節などで風味を加えることもできるので、上手に活用してみましょう。

# 6〜8週めの献立

カミカミ期 9〜11か月ごろ

大人のご飯より少しやわらかい軟飯に。牛赤身肉なども加えて。

## 用意する食材はコレ！

### 炭水化物

 **スパゲッティ** 50g×2回分 ➡P68

 **軟飯** 80g×5回分 ➡P68

### ビタミン・ミネラル

 **キャベツ** 35g×3回分 ➡P70

 **大根**（いちょう切り） 35g×2回分 ➡P69

 **小松菜** 35g×2回分 ➡P70

 **なす** 30g×2回分 ➡P70

### たんぱく質

 **牛赤身肉** 15g×2回分 ➡P72

 **さわら** 15g×2回分 ➡P71

 **鶏もも肉** 15g×2回分 ➡P72

## ＋ 常備食材

 **鮭缶** 15g×1回分
水煮を使用。油分、塩分が含まれているので少量を使う。

 **卵** ½個×2回分
しっかりと火を通す。1食につき全卵½個までが目安。

 **豆腐** 5g×1回分、10g×2回分
なめらかな舌触りの絹ごし豆腐を使う。

 **カットわかめ** 少々×1回分
塩蔵タイプのわかめは塩分が強いので使わない。

 **すりごま** 少々×1回分
白ごまをすったものを使う。粒が小さく食べやすい。

 **スライスチーズ** ¼枚×2回分
塩分が含まれているので、使いすぎに注意。

 **パン粉** 小さじ1×1回分
細かめのパン粉を使う。粒が小さく食べやすい。

 **かたくり粉** 適量
食材の量が多い場合は、同量の水で溶いた水溶きかたくり粉が混ぜ合わせやすく便利。

### 調味料・油

- **ホワイトソース** ➡作り方 P73
牛乳と小麦粉、バターで作ったソース。

- **野菜スープ** ➡作り方P19
にんじん、たまねぎなどからとったスープ。

- **だし汁** ➡作り方P19
こんぶからとった和風だし。

- **しょうゆ**
数滴を使用。

- **オリーブ油**
サラダ油より酸化しにくいオリーブ油を。

- **ケチャップ**
塩分も入っているので、少量を使用。

- **トマトソース** ➡作り方 P73
トマトとたまねぎから作ったソース。

- **塩**
ほんのりと味がつく程度を使用。

**管理栄養士からのアドバイス**
スープやみそ汁など汁物があると食事中の水分が補えて、バランスよく収まります。あと一品と悩んだときは汁物をプラスしてみて。

# 1日め

キャベツと鮭の
ホワイトソーススパ 主食

かき玉スープ 副菜

## キャベツと鮭の
## ホワイトソーススパ

- スパゲッティ 50g
- キャベツ 35g
- ホワイトソース 大さじ1
- 鮭缶 15g

1. スパゲッティ、キャベツ、ホワイトソースに水少々をふり、それぞれ電子レンジで20～30秒加熱する。
2. 鮭に熱湯をまわしかける。
3. ①と②を混ぜる。

## かき玉スープ

- 野菜スープ ½カップ
- 卵 ½個

鍋に野菜スープを煮立て、溶いた卵をまわし入れ、しっかり火を通す。

---

## 9〜11か月

## 軟飯

- 軟飯 80g

軟飯に水少々をふり、電子レンジで50秒～1分加熱してよく混ぜる。

## 大根と牛肉炒め煮

- 大根 35g
- 牛赤身肉 15g
- だし汁 大さじ2
- かたくり粉 少々

1. 大根にだし汁をふり、牛肉に水少々をふり、それぞれ電子レンジで20～30秒加熱して混ぜる。
2. ①の大根にかたくり粉を加えて、電子レンジで10～20秒加熱してよく混ぜる。①の牛肉と合わせて混ぜる。

## わかめのすまし汁

- 豆腐 5g
- だし汁 ½カップ
- カットわかめ 少々
- しょうゆ 数滴

1. 豆腐を5㎜角のさいの目に切る。
2. 鍋にだし汁を煮立て、①とカットわかめを加え、煮立たせる。しょうゆで味を調える。

---

# 2日め

軟飯 主食

大根と牛肉炒め煮 主菜

わかめのすまし汁 副菜

Point! いちょう切りの大根で変化を

# 3日め

Point! 下味がついて解凍するだけ

軟飯 [主食]
さわらのソテー [主菜]
小松菜の白和え [副菜]

### 軟飯（P85参照）

### さわらのソテー

● さわら 15g

さわらに水少々をふり、電子レンジで20〜30秒加熱する。

### 小松菜の白和え

● 小松菜 35g ＋ ・豆腐 10g ・しょうゆ 数滴 ・すりごま 少々

1. 小松菜に水少々をふり、電子レンジで20〜30秒加熱する。
2. 豆腐をすりつぶし、しょうゆ、すりごまを加え、①を和える。

---

### 軟飯（P85参照）

### さわらのパン粉焼き

● さわら 15g ＋ ・スライスチーズ ¼枚 ・パン粉 小さじ1 ・オリーブ油 少々

1. さわらに水少々をふり、電子レンジで20〜30秒加熱する。
2. ①にチーズをのせ、パン粉とオリーブ油を混ぜたものをつけて、チーズが溶けるまでトースターで焼く。

### なすのケチャップ和え

● なす 30g ＋ ・ケチャップ 小さじ⅓

1. なすに水少々をふり、電子レンジで20〜30秒加熱する。
2. ①をケチャップで和える。

# 4日め

Point! 炒めてあるのでうま味アップ

軟飯 [主食]
なすのケチャップ和え [副菜]
さわらのパン粉焼き [主菜]

# 5日め

鶏もも肉のトマトスパゲッティ 主食

Point!
卵でとじると
なめらかに

キャベツの卵とじ
チーズ風味 副菜

## 鶏もも肉のトマトスパゲッティ

● スパゲッティ 50g
● 鶏もも肉 15g
● トマトソース 大さじ1
● 水 大さじ1
● 塩 少々

1. スパゲッティ、鶏もも肉、トマトソースに水少々をふり、それぞれ電子レンジで20〜30秒加熱する。
2. 鍋に①の鶏もも肉とトマトソース、水を入れ、煮る。
3. ②に①のスパゲッティを加え、塩で味を調える。

## キャベツの卵とじチーズ風味

● キャベツ 35g
● 野菜スープ 大さじ2
● スライスチーズ ¼枚
● 卵 ½個

1. キャベツに水少々をふり、電子レンジで20〜30秒加熱する。
2. 鍋に野菜スープを煮立て、①とちぎったスライスチーズを入れ、溶いた卵を加え、とじる。

---

9〜11か月

### 軟飯（P85参照）

### 鶏もも肉と大根のやわらか煮

● 大根 20g
● 鶏もも肉 15g
● だし汁 大さじ2
● 塩 少々

1. 大根にだし汁をふり、電子レンジで20〜30秒加熱する。
2. 鶏もも肉に水少々をふり、電子レンジで20〜30秒加熱する。①と混ぜて、塩で味を調える。

### なすのだし煮

● なす 15g
● だし汁 大さじ2
● しょうゆ 数滴

なすにだし汁をふり、電子レンジで20〜30秒加熱する。しょうゆで味を調える。

---

# 6日め

なすのだし煮 副菜

鶏もも肉と大根の
やわらか煮 主菜

軟飯 主食

# 7日め

キャベツと豆腐のスープ 副菜

赤ちゃんビビンバ 主食

## 赤ちゃんビビンバ

● 軟飯 80g ＋ ● 小松菜 20g ＋ ● 牛赤身肉 15g ＋ ● しょうゆ 数滴

1. 軟飯に水少々をふり、電子レンジで50秒～1分加熱してよく混ぜる。
2. 小松菜と牛肉に水少々をふり、それぞれ電子レンジで20～30秒加熱する。合わせてしょうゆを加え、混ぜる。①にのせる。

## キャベツと豆腐のスープ

● キャベツ 15g ＋ ● 豆腐 10g ● 野菜スープ ½カップ

1. 豆腐を5mm角のさいの目に切る。
2. 鍋に野菜スープを煮立て、①とキャベツを加え、煮立たせる。

---

カミカミ期

**9〜11か月ごろ Q&A**

### Q 野菜を食べるようにするにはどうすればいい？

**A 実際に触ってみたり、食べたら褒めてあげます。**

カミカミ期にもなればお母さんと一緒に食事を作ったり、作るまねをすることができるようになります。例えば、野菜を一緒につぶしてみたり、型抜きで楽しんでみるなど、食材に触れることで野菜への親近感を高めるのもよいでしょう。赤ちゃん用のカレーなどは嫌な食感や苦みをやわらげてくれるので野菜を食べやすいかもしれません。食べられたら「すごいね！ お野菜たくさん食べたね！」と褒めてあげましょう。少しずつ焦らず、で大丈夫です。

### Q 野菜を食べないので野菜ジュースで代用してもいいですか？

**A 野菜と野菜ジュースは別物。野菜をおいしく食べられることが大切です。**

赤ちゃん用の野菜ジュースを飲むのは悪いことではありませんが、野菜を食べているのと同じことにはなりません。野菜それぞれの味や舌触りを感じておいしく食べられるようになることが大切です。お腹が空いていれば野菜にも手を伸ばすことが多いので、食事前におやつや水分などは多く与えず、まずは食べる環境を整えましょう。

# 赤ちゃんとの外食

家族やお友だちと外食する機会もありますよね。
そんなとき、赤ちゃん連れの外食で気をつけたいことは？

## 外食はいつごろからOK?

離乳食を食べ始めてから数週間が経ち、食べることに慣れてきた様子が見られ、体調のいい日であれば外食に連れて行ってもいいでしょう。ただし、長時間人混みにいるのは、赤ちゃんにとって刺激が強すぎるので1時間くらいを目安に切り上げて。せっかくの外食ですから、いくつかのポイントを押さえて、ママも赤ちゃんも楽しい時間を過ごせるようにしたいですね。

## 事前に行くお店の下調べをする

お出かけ先に赤ちゃん連れでも入店しやすいお店があるかどうかを事前に確認しておくと、スムーズに移動できます。家族連れが多いファミリーレストランやフードコートなどがあると安心です。もし行きたいお店がある場合は、事前にお店のホームページを見たり、連絡したりして、赤ちゃん連れでもOKかどうか、離乳食を持ち込んでもいいか、ベビーカーでの入店が可能か、個室や禁煙席があるか、ベビーチェアの有無などを確認しておくといいでしょう。

9〜11か月

### お店のチェック項目

- ☐ 赤ちゃん連れでもOK？
- ☐ 離乳食を持ち込んでもいい？
- ☐ ベビーカーでの入店は可能？
- ☐ 個室や禁煙席はある？
- ☐ ベビーチェアはある？

## 持ち物をまとめる

離乳食を持参する場合は、1食分がコンパクトにまとまっている市販のベビーフードが便利です。手作りのものを持って行く場合は、衛生面に気をつけましょう。特に梅雨時期や夏場は、水分を多く含む離乳食は傷みやすいのでおすすめできません。そのほか、持ち運び用のベビーマグや食事用スタイ、携帯できるスプーンやフォークセット、麺類などをカットする麺カッターなどがあると便利です。また汚したときのために、ウエットティッシュやゴミ袋、着替えなどがあると準備万端です。

### 持ち物チェック項目

- ☐ 持ち運び用のベビーマグ
- ☐ 食事用スタイ
- ☐ 携帯用のスプーン・フォークセット
- ☐ 麺カッター
- ☐ ウエットティッシュ
- ☐ ゴミ袋
- ☐ 着替え

**管理栄養士からのアドバイス**

外出するときは時間に余裕を持って。荷物もあらかじめ用意しておくといいでしょう。

---

**ファミリーレストランやカフェなどで取り分けられるもの**

 **モグモグ期〜**

- ドリア、グラタン（ホワイトソースを湯で洗う）
- ハンバーグ（ソースは湯で洗う）
- 肉じゃが

 **カミカミ期〜**

- 茶碗蒸し
- 雑炊
- 焼き魚（身をほぐす）
- 温野菜サラダやトマトサラダ（ドレッシングはかけない）
- スパゲッティ（ソースがかかっていない部分をあげる）
- うどん
- 天ぷら（衣をはずす）
- 納豆巻、かんぴょう巻

カミカミ期
9〜11か月ごろ

# 9〜12週めの献立

軟飯も2週め。調味料も徐々にバリエーションを増やせます。

\ 用意する食材はコレ！ /

### 炭水化物

**軟飯** 80g×5回分 →P68

**うどん** 60g×2回分 →P68

### ビタミン・ミネラル

**いんげん** 20g×2回分 →P69

**にんじん**（いちょう切り） 35g×3回分 →P69

**ほうれん草** 35g×3回分 →P70

**里いも**（いちょう切り） 35g×2回分 →P69

### たんぱく質

**鶏ひき肉** 15g×2回分 →P71

**ぶり** 15g×2回分 →P71

**牛ひき肉** 15g×3回分 →P72

### 常備食材

**卵** ¼個×1回分、½個×1回分
しっかりと火を通す。1食につき全卵½個までが目安。

**カットわかめ** 少々×2回分
塩蔵タイプのわかめは塩分が強いので使わない。

**みかん** ⅓個×1回分
薄皮は取り除く。

**麩** 1個×1回分
小麦粉からできているので、アレルギーがないことを確認してから使う。

**バナナ** 20g×1回分
糖質が多くエネルギー源になるので主食としても使える。

**プレーンヨーグルト** 40g×1回分
無糖タイプを使う。

**青のり** 少々×1回分
細かくなっているので消化にもよい。

### 調味料・油

●**だし汁** →作り方 P19
こんぶからとった和風だし。

●**みそ**
ほんのりと味がつく程度に少量を使用。

●**しょうゆ**
数滴を使用。

●**サラダ油**
炒め用に使用。

●**カレー粉**
香りづけにごく少量を使う。

●**ケチャップ**
塩分も入っているので、少量を使用。

●**バター**
通常のバターは塩分が多いので食塩不使用を使う。

●**マヨネーズ**
油分が多いので味つけ程度に少量を使用。

●**塩**
ほんのりと味がつく程度を使用。

**管理栄養士からのアドバイス**
赤ちゃんの大好きな果物。離乳食にも取り入れていきたい素材ですが、マンゴーやパイナップルは消化酵素が強いので1歳をすぎてからにしましょう。

# 1日め

わかめのみそ汁 副菜

Point!
野菜とお肉の
丼物にして

三色丼 主食

## 三色丼

- 軟飯 80g
- いんげん 20g
- 鶏ひき肉 15g
- 卵 ¼個
- だし汁 小さじ1

❶ 軟飯に水少々をふり、電子レンジで50秒～1分加熱してよく混ぜる。
❷ いんげんと鶏ひき肉に水少々をふり、それぞれ電子レンジで20～30秒加熱する。
❸ 溶いた卵にだし汁を加えて、フライパンで炒り卵にする。❷のいんげんを混ぜる。
❹ ❶に❷の鶏ひき肉と❸をのせる。

## わかめのみそ汁

- カットわかめ 少々
- みそ 小さじ½
- だし汁 ½カップ

鍋にだし汁とわかめを入れて煮立て、みそを溶き入れる。

---

9～11か月

## ぶりとほうれん草、にんじんの煮込みうどん

- うどん 60g
- にんじん 20g
- ぶり 15g
- ほうれん草 15g
- だし汁 ½カップ
- しょうゆ 数滴

❶ ぶりをほぐす。
❷ 鍋にだし汁を煮立て、しょうゆ以外の材料を入れ、煮る。しょうゆで味を調える。

## みかん

- みかん ⅓個

みかんの薄皮をむき、ひと口大に切る。

# 2日め

みかん 副菜

ぶりとほうれん草、にんじんの煮込みうどん 主食

# 3日め

麩とわかめの
すまし汁 副菜

Point!
高たんぱくの
麩を入れて

ほうれん草と牛ひき肉の焼うどん 主菜

## ほうれん草と牛ひき肉の焼うどん

- うどん 60g
- ほうれん草 35g
- 牛ひき肉 15g
- サラダ油 小さじ1
- だし汁 ¼カップ
- しょうゆ 数滴

1. うどんに水少々をふり、電子レンジで40～50秒加熱する。
2. ほうれん草と牛ひき肉に水少々をふり、それぞれ電子レンジで20～30秒加熱する。
3. フライパンにサラダ油を熱し、①、②を炒めてだし汁を入れ、煮る。しょうゆで味を調える。

## 麩とわかめのすまし汁

- 麩 1個
- だし汁 ½カップ
- カットわかめ 少々
- しょうゆ 数滴

1. 麩を10等分に切る
2. 鍋にだし汁とわかめを入れて煮て、①を加え、しょうゆで味を調える。

## 軟飯

- 軟飯 80g

軟飯に水少々をふり、電子レンジで50秒～1分加熱してよく混ぜる。

## 牛ひき肉とにんじんのカレー

- にんじん 25g
- 牛ひき肉 15g
- いんげん 5g
- サラダ油 小さじ1
- カレー粉 少々
- ケチャップ 小さじ⅙

1. にんじん、牛ひき肉、いんげんに水少々をふり、それぞれ電子レンジで20～30秒加熱する。
2. フライパンにサラダ油を熱し、①を炒めて、カレー粉、ケチャップで味を調える。軟飯にのせる。

## バナナヨーグルト

- バナナ 20g
- プレーンヨーグルト 40g

バナナは薄切りにし、ヨーグルトと盛り合わせる。

# 4日め

バナナ
ヨーグルト 副菜

軟飯 主食

牛ひき肉と
にんじんのカレー 主菜

## 5日め

軟飯 主食

牛ひき肉入りオムレツ 主菜

Point! マヨネーズで味に変化を

にんじんサラダ 副菜

### 軟飯（P92参照）

### 牛ひき肉入りオムレツ

- 牛ひき肉 15g
- 卵 ½個
- バター 小さじ½

1. 牛ひき肉に水少々をふり、電子レンジで20〜30秒加熱する。
2. 溶いた卵に①を加え、フライパンにバターを中火で溶かし、形を整えながら焼く。

### にんじんサラダ

- にんじん 35g
- マヨネーズ 少々

1. にんじんに水少々をふり、電子レンジで20〜30秒加熱する。
2. ①をマヨネーズで和えて、電子レンジで10〜20秒加熱する。

---

9〜11か月

### 軟飯（P92参照）

### ぶりの照り焼き

- ぶり 15g

ぶりに水少々をふり、電子レンジで20〜30秒加熱する。

### 焼き里いも

- 里いも 35g
- サラダ油 少々
- 青のり 少々
- 塩 少々

1. 里いもに水少々をふり、電子レンジで20〜30秒加熱する。
2. フライパンにサラダ油を熱し、里いもを焼き、塩をふり、青のりで和える。

## 6日め

焼き里いも 副菜

軟飯 主食

ぶりの照り焼き 主菜

## 7日め

ほうれん草のみそ汁 **副菜**
軟飯 **主食**
鶏ひき肉と里いもの煮物 **主菜**

### 軟飯（P92参照）

### 鶏ひき肉と里いもの煮物

- 里いも 25g
- 鶏ひき肉 15g
- だし汁 ¼カップ
- しょうゆ 数滴

① 里いもにだし汁をふり、電子レンジで20〜30秒加熱する。
② 鶏ひき肉に水少々をふり、電子レンジで20〜30秒加熱する。①と合わせて、しょうゆを加え、混ぜる。

### ほうれん草のみそ汁

- ほうれん草 5g
- みそ 小さじ½
- だし汁 ½カップ

鍋にだし汁を煮立て、ほうれん草を加え、再び煮立ったら、みそを溶き入れる。

---

パクパク期（1〜1歳6か月ごろ）へ
カミカミ期から

**食材のかたさと大きさは？**
バナナから肉団子くらいのかたさに。スティック状の野菜を与えるなど、手づかみ食べを積極的に。

**あげる量は？**
軟飯を80gくらい食べるようになりますが、個人差が大きいので様子を見ながら与えましょう。

**食べる回数は？**
1日3回の離乳食に慣れてきて、しっかり食べられていれば、おやつを1〜2回取り入れていきます。

## ステップアップの目安

赤ちゃんに下のような様子が出てきたら、次のステップへ移るサインです。項目をチェックしてみましょう。

### 赤ちゃんの様子をチェック

☐ 奥の歯ぐきを使って、バナナくらいのかたさの食べ物をつぶすことができる。

☐ 前後、左右、上下に、口が動いている様子が見られる。

☐ 1日3回食に慣れ、スプーンやフォークなどにも興味を示すようになる。

## 9〜11か月ごろ Q&A
カミカミ期

### Q よく食べていますが、体重があまり増えません。

**A 適正範囲内であれば問題はありません。**

この時期の赤ちゃんは動きが活発になり身長が伸びていくため、体重は今までのように増えていかなくなります。赤ちゃんの様子を見て、元気で毎日機嫌よく過ごしているようでしたら問題はないでしょう。母子手帳に記載されている成長曲線に記入して、適正範囲内なら、心配はいりません。極端に痩せていてる、元気がないなど心配がある場合には、かかりつけの医師や住まいの近くにある保健センターなどで相談をしてみましょう。

### Q ほとんど飲み込んでいるようですが、問題ないでしょうか？

**A 離乳食のかたさをもう一度見直し、食べる様子を見ながらあげましょう。**

離乳食が進み、歯が生えてきているのに、よくかんで食べていないように見えることはよくあります。これは、その赤ちゃんの成長具合と離乳食のかたさが合っていないことが考えられます。かたくてかめないので吐き出す代わりに飲み込んでしまっているパターンと、反対にやわらかすぎてかむ必要がないパターン。また、あげるスピードが速すぎて、ゆっくりかんでいる余裕がなくて飲み込んでいる場合もあるので、ゆっくりあげるようにしてみましょう。

### Q 食事を食べ散らかすので後片づけが大変！どうすればいいでしょうか？

**A 自分で食べたい！ という意欲を伸ばす時期。片づけの仕方を工夫して。**

手づかみ食べが始まるこの時期の食事は、自分で食べたいという意欲を伸ばしてあげることが大切なので、ある程度自由に見守ってあげましょう。食べ散らかしがひどくて、掃除の手間がかかりますが、長袖のスモックタイプの食事用エプロンがあると便利です。袖口もつぼまっているので、汚れがガードしやすいでしょう。また、あらかじめ新聞紙をいすの周りに敷き詰めておいて、食べ終わったら、落とした食材ごと丸めてゴミ箱へ捨ててしまいましょう。その際、上にスープなどをこぼすと新聞のインクが床に移ってしまったりすることもあるので、一番下にレジャーシートなどを敷いておくと安心です。

パクパク期

1日3回の食事＋おやつのリズムに

# 1歳～1歳6か月ごろ

栄養のほとんどを離乳食からとれるようになります。そろそろおっぱいやミルクは卒業して、おやつと一緒に牛乳を飲むように移行していきましょう。徐々に離乳食の完了期に入っていきます。

## スタート時期は？
### 歯ぐきでしっかりかめ 1日3回の食事が安定したら

食べることに意欲的で、1日3回の食事のほかに、おやつを食べられるようになります。手づかみ食べをしながらも、スプーンやフォークにも興味を持ち始める時期なので、テーブルの上にセットしてあげるようにしましょう。

栄養面は、炭水化物食材、ビタミン・ミネラル食材、たんぱく質食材を1日のトータル量でみて、バランスよく食べていればよいでしょう。

いなくても大丈夫。食の細い赤ちゃんの場合は、1回量を減らしておやつにエネルギー源になる炭水化物を多めに摂取するようにしましょう。

## 食べられるかたさは？
### ゆで卵の白身くらいの かたさを目安に

前歯でかじって、歯ぐきでつぶして食べる練習をする時期です。ゆで卵の白身くらいのかたさを目安にして、自分の前歯でかじることを覚えさせましょう。ひと口サイズにカットされたものばかり食べていると、前歯でかむ練習になりません。

## あげる量は？
### 無理に完食しなくても。 楽しむことを優先して

1日3食を食べていて、体重が増えていれば、目安の量を食べきれて

## 食べさせ方は？
### きちんと使えなくても スプーンを持たせてみて

遊び食べをしたり、食べている最中にほかに興味が移ってしまい、じっと座っていられない時期なので、落ち着いて食べられる環境作りが大切。ひじがテーブルにつき、足が床か板にしっかりと着いているいすがおすすめです。食事は手づかみ食べがしやすいように、スティック状やお団子状にして食べる意欲を応援します。まだ使えなくても幼児用スプーンやフォークも用意しましょう。

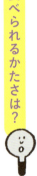
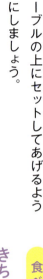

使えなくても スプーンを

### 1日のタイムスケジュール例
- ●回数：1日3食に加えて、おやつもOKです。
- ●あげるタイミング：大人と同じ時間帯の朝昼夕の3食。おやつは午前、午後の2回でも可。
- ●授乳タイム：卒乳時期。おやつの際に牛乳やフォローアップミルクを飲みます。

**実物大！**

# 1食分の量とかたさ

目安の量を毎食きちんと食べなくても大丈夫。食が細い赤ちゃんの場合は、おやつでエネルギー源を取り入れるようにしましょう。

## たんぱく質食材

### 豆腐

絹ごし豆腐を電子レンジで加熱して、約1cm角にカット。豆腐は水分を含むため50〜55gくらいまで。肉や魚は20gを目安に与えます。

● 食べられる食材例 ●
さば、えび、豚赤身肉、豚ひき肉、牛赤身肉なども食べられるようになります。

## 炭水化物食材

### 軟飯〜ご飯

軟飯に慣れてきたら、大人が食べるご飯よりも少し水分の多いやわらかめのご飯に。

● 食べられる食材例 ●
パン、うどん、スパゲッティに加えてロールパンなども食べられます。麺は1〜2cmの長さにカットして与えます。

## ビタミン・ミネラル食材

### にんじん

皮をむいて1cmの輪切りにしたにんじんをやわらかくゆで、5mm幅のいちょう切りにします。

● 食べられる食材例 ●
きのこ類、チンゲン菜、おかひじきなど、やわらかくゆでて与えます。

**1歳〜1歳半**

**管理栄養士からのアドバイス**

さまざまなたんぱく質食材が食べられるようになりますが、刺身や生卵などの生食はまだNG！ 加熱してから与えます。

**Point**
- 量 | 肉や魚は20g以内に
- かたさ | ゆで卵の白身くらいのかたさ
- 調理法 | 加熱して適度なやわらかさに

※このまま1食分の献立にもなります。

## 炭水化物

### ご飯

**材料** 白米 1合
水 1と1/5カップ
**1回の目安量** 80g

炊飯器に研いだ米と水を入れ、炊く。

大人とほぼ同じご飯でOK

4等分して小分け容器で冷凍

**下ごしらえポイント**

### 少しやわらかめに炊いて冷凍

大人が気にならなければ、少し水分を多めに炊くと赤ちゃんが食べやすいでしょう。ご飯は大人と同じなので、冷凍しなくても。

## パクパク期

# 1歳～1歳半ごろの おすすめ食材

おいしい フリージング方法

いよいよ離乳食の完了期。食材の種類も増え、メニューの幅も広がります。ご飯は軟飯から大人と同じご飯が食べられるようになります。

### スパゲッティ

**材料** スパゲッティ 200g
**1回の目安量** 80g

1. 鍋に湯を沸かしてスパゲッティを入れ、表示時間よりも1分ほど長めにゆでる。
2. ゆであがったら、1～2cmの長さに切る。

芯を残さずやわらかめにゆでる

6等分して小分け容器で冷凍

### 軟飯

**材料** ご飯 300g
水 1と1/2カップ
**1回の目安量** 90g

1. 鍋に水とご飯を入れ、ほぐしながら中火にかける。
2. 沸騰したら弱火にし、ふたを少しずらして、なるべくかき混ぜず、4～5分ほど煮る。
3. 火を止め、4～5分蒸らす。

大人のご飯より少しやわらかめ

5等分して小分け容器で冷凍

### うどん

**材料** ゆでうどん 400g
**1回の目安量** 100g

1. 包丁で1～2cmの長さに切る。
2. 鍋に水とゆでうどんを入れ、ほぐしながら中火にかけ、やわらかくなるまでゆでる。

1～2cmの長さに切る

6等分して小分け容器で冷凍

いっしょだね～

## ビタミン・ミネラル

### パプリカ

**材料** パプリカ（赤・黄 種を取り除いたもの）各80〜100g
**1回の目安量** 40〜50g

1. 熱湯でやわらかくなるまでゆでる。
2. 1cm角に切る。
→レシピ P105、108

皮はむかなくてもOK

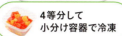
4等分して小分け容器で冷凍

### きのこ

**材料** しいたけ、しめじ、えのきだけ（石づきを取り除いたもの）100g
**1回の目安量** 10g

1〜2mmのみじん切りにする。
→レシピ P105、106、116、118、123

刻んでゆでずに冷凍

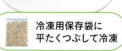
冷凍用保存袋に平たくつぶして冷凍

### にんじん

**材料** にんじん（皮を除いたもの）160〜200g
**1回の目安量** 40〜50g

1. 1cm幅の輪切りにする。
2. 水からやわらかくなるまでゆでる。
3. 5mm幅のいちょう切りにする。
→レシピ P110、111、115、118

指で押しつぶせるかたさに

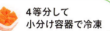
4等分して小分け容器で冷凍

### おかひじき

**材料** おかひじき（かたい軸を除いたもの）160〜200g
**1回の目安量** 40〜50g

1. 熱湯でやわらかくゆでて水にさらす。
2. 水けをきり、2〜3mmのみじん切りにする。
→レシピ P110、111

シャキシャキした食感

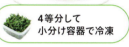
4等分して小分け容器で冷凍

### チンゲン菜

**材料** チンゲン菜（根元部分を取り除いたもの）160〜200g
**1回の目安量** 40〜50g

1. 熱湯でやわらかくなるまでゆでたら、水にさらす。
2. 水けをきり、1cm幅に切る。
→レシピ P115、116、117、121、122、124

茎の部分も細かく切る

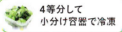
4等分して小分け容器で冷凍

### 下ごしらえポイント

**クセがなく食べやすい**

海藻のような名前ですが、緑黄色野菜の一種です。クセがなく、離乳食としても使いやすいです。ある程度、シャキシャキした食感は残して、細かく切ります。

### ブロッコリー

**材料** ブロッコリー 160〜200g
**1回の目安量** 40〜50g

1. 小房に分けて、熱湯でやわらかくなるまでゆでる。
2. 水けをきり、小さいざく切りにする。
→レシピ P121、122

茎の部分も小さく切って
4等分して小分け容器で冷凍

### 小ねぎ

**材料** 小ねぎ（根元部分を取り除いたもの）50g
**1回の目安量** 少々

小口切りにする。
→レシピ P115、118、122、123、124

風味づけに少量を使う
冷凍用保存袋に平たくつぶして冷凍

1歳〜1歳半

## ビタミン・ミネラル

### じゃがいも

パクパク期は野菜として

| 材料 | じゃがいも（皮をむいたもの）160〜200g |
|---|---|

1回の目安量 40〜50g

1. 水からやわらかくなるまでゆでる。
2. 1cm角に切る。

→レシピ P105、107、108

4等分して小分け容器で冷凍

### かぶ

実は1cm角に切る

| 材料 | かぶ（皮をむいたもの）実 160〜200g 葉 20g |
|---|---|

1回の目安量 40〜50g（葉は5〜10g）

〈実の部分〉
1. 縦半分に切ってから、1cm幅に切る。
2. 水からやわらかくなるまでゆでる。
3. 1cm角に切る。

→レシピ P107、112、115、117

4等分して小分け容器で冷凍

〈葉の部分〉
1. 熱湯でやわらかくなるまでゆで、水にさらす。
2. 水けをきり、2〜3mmのみじん切りにする。

→レシピ P105、106、112

葉はみじん切りに

冷凍用保存袋に平たくつぶして冷凍

### かぼちゃ

栄養のある皮つきで

| 材料 | かぼちゃ（種を取り除いたもの）170〜210g |
|---|---|

1回の目安量 40〜50g

1. 皮をところどころ切り、水からゆでる。
2. 煮崩れる前に取り出し、1cm幅のいちょう切りにする。

→レシピ P110、111、112、113

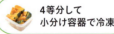
4等分して小分け容器で冷凍

### さつまいも

皮はむかない

| 材料 | さつまいも 160〜200g |
|---|---|

1回の目安量 40〜50g

1. 1cm幅の輪切りにし、水にさらす。
2. 水からやわらかくなるまでゆでる。
3. 1cm角に切る。

→レシピ P115、116、117

4等分して小分け容器で冷凍

### ほうれん草

軸もやわらかくゆでて

| 材料 | ほうれん草（根元部分を取り除いたもの）160〜200g |
|---|---|

1回の目安量 40〜50g

1. 熱湯でやわらかくなるまでゆで、水にさらす。
2. 水けをきり、1cmの長さに切る。

→レシピ P106、107

4等分して小分け容器で冷凍

---

**下ごしらえポイント**

**かたくり粉、調味料でパサつき解消**

まぐろは冷凍にするとパサつきやすいので、かたくり粉をまぶして表面をなめらかにし、調味料をからめて照り焼きにして冷凍するとよいでしょう。

## たんぱく質

### かじき

適度な脂肪分で腹持ちもよい

**材料** かじき 60〜80g
小麦粉 少々
オリーブ油 少々

**1回の目安量** 15〜20g

❶8枚のそぎ切りにし、小麦粉をまぶす。
❷フライパンにオリーブ油を中火で熱し、両面をしっかり焼く。

→レシピ P115、116、117

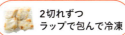
2切れずつ
ラップで包んで冷凍

### さば（塩焼き）

塩焼きにして冷凍

**材料** さば（骨と皮を取り除いたもの）60〜80g
塩 少々
サラダ油 少々

**1回の目安量** 15〜20g

❶8枚のそぎ切りにし、塩をふる。
❷フライパンにサラダ油を中火で熱し、両面をしっかり焼く。

→レシピ P121、122

2切れずつ
ラップで包んで冷凍

### えび

少量ずつ与える

**材料** えび（むきえび）60〜80g

**1回の目安量** 15〜20g

❶沸騰した湯に入れて、中まで火を通す。
❷2〜3mmのみじん切りにする。

→レシピ P111、112

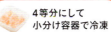
4等分にして
小分け容器で冷凍

### さば（ソテー）

小麦粉をつけてソテーに

**材料** さば（骨と皮を取り除いたもの）60〜80g
小麦粉 少々
オリーブ油 少々

**1回の目安量** 15〜20g

❶8枚のそぎ切りにし、小麦粉をまぶす。
❷フライパンにオリーブ油を中火で熱し、両面をしっかり焼く。

→レシピ P110、113

2切れずつ
ラップで包んで冷凍

### 牛赤身肉

脂肪分が少ない赤身から

**材料** 牛赤身肉 60〜80g
だし汁 ½カップ
しょうゆ 数滴
サラダ油 少々

**1回の目安量** 15〜20g

❶1cm幅に切る。
❷フライパンにサラダ油を中火で熱し、肉の色が変わるまで火を通す。
❸だし汁としょうゆを入れて煮つめる。

→レシピ P115、118

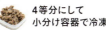
4等分にして
小分け容器で冷凍

### まぐろ

照り焼きにしてパサつき防止

**材料** まぐろ（刺身）60〜80g
かたくり粉 少々
サラダ油 少々
●調味料A
　しょうゆ 小さじ½
　砂糖 小さじ¼
　水 小さじ1

**1回の目安量** 15〜20g

❶8枚のそぎ切りにする。
❷フライパンにサラダ油を中火で熱し、両面をしっかり焼いたら、Aをまわし入れてからめる。

→レシピ P105、107

2切れずつ
ラップで包んで冷凍

1歳〜1歳半

## たんぱく質

### 豚赤身肉

**材料** 豚赤身肉 60〜80g
　　　　かたくり粉 少々
　　　　だし汁 ½カップ

**1回の目安量** 15〜20g

1. 1cm幅に切り、かたくり粉をまぶす。
2. 鍋にだし汁を沸騰させ、肉の色が変わるまで火を通す。

→レシピ P111、112、122、123

*だし汁でゆでて臭みを消す*

4等分にして小分け容器で冷凍

### 鶏もも肉

**材料** 鶏もも肉（皮と筋を取り除いたもの）60〜80g

**1回の目安量** 15〜20g

1. そぎ切りにする。
2. 水からゆで、中まで火を通す。
3. 手で細かく割く。

→レシピ P105、106、117、121、123

*ゆでてから細かく割く*

4等分にして小分け容器で冷凍

**下ごしらえポイント**

**かたくり粉をまぶし、だし汁でゆでる**

豚赤身肉はだし汁でゆでることで、臭みが消えます。また、かたくり粉をまぶしておけば、表面がなめらかになり、食べやすくなります。

### 豚ひき肉

**材料** 豚ひき肉 60〜80g
　　　　だし汁 ½カップ
　　　　しょうゆ 小さじ½

**1回の目安量** 15〜20g

1. フライパンでほぐしながら炒める。
2. 色が変わったら、だし汁としょうゆを入れて煮つめる。

→レシピ P106、108

*だしとしょうゆで味つけ*

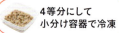

4等分にして小分け容器で冷凍

---

## COLUMN 5　歯ブラシで歯をみがこう

赤ちゃん用の歯ブラシ、歯みがき粉の選び方に正しいみがき方を知っておきましょう。

### 歯ブラシ、歯みがき粉の選び方

赤ちゃん用の歯ブラシと、大人が仕上げみがきをするための歯ブラシを別に用意します。ヘッド部分が小さく、毛先がやわらかくて丸いものがおすすめ。歯みがき粉はつけなくていいですが、もし使う場合は赤ちゃん用の刺激のないジェルタイプを選びましょう。赤ちゃんは毛先をかじってしまうことが多いので、1か月に1度のペースで取り替えて。

### 正しいみがき方

赤ちゃんの機嫌のよいときや時間に余裕があるときに1日1〜2回、離乳食の後など時間を決めてみがきます。歯ブラシをくわえさせてまねをさせた後、歯ブラシを歯に直角に当て、細かく動かします。最初は1本あたり5秒くらいみがければよいでしょう。上の前歯の歯ぐきと唇をつないでいる小帯という筋に歯ブラシが当たると痛がるので、ぶつからないように気をつけてみがいてあげてください。歯ブラシをくわえながら歩いて転ぶと大変危険なので、必ず座って行います。

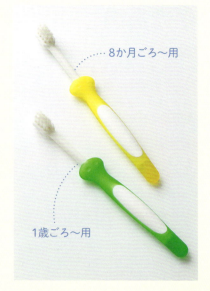

8か月ごろ〜用

1歳ごろ〜用

# 簡単冷凍おやつ

1日1〜2回のおやつも冷凍があると便利！
エネルギーを補給する炭水化物を中心に。

## ご飯のお好み焼き

**材料**（15枚分）
ご飯 200g
かつお節 小さじ1
サラダ油 大さじ½
卵 1個
青のり 小さじ½

**1回の目安量** 2〜3枚

1. ご飯に卵、かつお節、青のりを混ぜる。
2. フライパンにサラダ油を中火で熱し、①をスプーン1杯ずつ丸く広げて、焼く。

甘くない
おやつも

1枚ずつラップで包んで冷凍。
電子レンジで解凍

## フレンチトースト

**材料**（12枚分）
食パン（8枚切り） 2枚
牛乳 大さじ4
バター 小さじ1
卵 1個
砂糖 小さじ1

**1回の目安量** 3枚

1. パンの耳は取り、6等分に切る。
2. ボウルに溶いた卵、牛乳、砂糖を混ぜ、パンをひたす。
3. フライパンにバターを中火で溶かし、②を焼く。

ご飯が
進まないときに

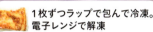
1枚ずつラップで包んで冷凍。
電子レンジで解凍

## にんじんパンケーキ

**材料**（8枚分）
ホットケーキミックス 50g
にんじん 50g
牛乳 ¼カップ
サラダ油 大さじ1

**1回の目安量** 2枚

1. ホットケーキミックスに牛乳、すりおろしたにんじんを加えてよく混ぜる。
2. フライパンにサラダ油を中火で熱し、①の⅛量を丸く流し入れ、焼く。

にんじんを
たっぷり入れて

2枚ずつラップで包んで冷凍。
電子レンジで解凍

## フローズンフルーツヨーグルト

**材料**（作りやすい分量）
プレーンヨーグルト 1カップ
桃（缶詰） 200g

**1回の目安量** 20g

1. プレーンヨーグルトと桃（果肉のみ）をミキサーにかける。
2. 冷凍用保存袋に平たくつぶして入れ、冷凍する。冷凍の途中、空気を入れるように2回ほど袋ごと混ぜる。

桃が入って
さわやか

冷凍用保存袋に平たく
つぶして冷凍。自然解凍。

1歳〜1歳半

パクパク期
1歳～1歳半ごろ

# 1～6週めの献立

軟飯からスタート。食材が大きくなり、食べごたえもアップ。

\ 用意する食材はコレ！ /

### 炭水化物

**軟飯** 90g×5回分 ➡P98

**うどん** 100g×2回分 ➡P98

### ビタミン・ミネラル

**パプリカ** 20g×2回分 ➡P99

**じゃがいも** 20g×3回分 ➡P100

**きのこ** 10g×3回分 ➡P99

**かぶの葉** 10g×2回分 ➡P100

**ほうれん草** 50g×2回分 ➡P100

**かぶ** 20g×2回分 ➡P100

### たんぱく質

**鶏もも肉** 20g×2回分 ➡P102

**まぐろ** 20g×2回分 ➡P101

**豚ひき肉** 20g×2回分 ➡P102

**管理栄養士からのアドバイス**
カレー粉はごく少量なら使ってもOK！ソースや焼肉のたれ、こしょうなどもほんの少量なら大丈夫です。

＋

### 常備食材

**粉チーズ** 小さじ¼×1回分、小さじ½×1回分
塩分が含まれているので、使いすぎに注意。

**桃の缶詰** 20g×1回分
シロップは糖分が多いので使わない。

**卵** ⅔個×1回分
しっかりと火を通す。

**カットわかめ** 少々×1回分
乾燥タイプ。塩蔵わかめは塩分が強いので使わない。

**かつお節** 少々×1回分
風味づけに使う。

### 調味料・油

●**トマトソース** ➡作り方 P73
トマトとたまねぎなどで作ったソース。

●**だし汁** ➡作り方 P19
こんぶからとった和風だし。

●**みそ**
ほんのりと味がつく程度に少量を使用。

●**ホワイトソース** ➡作り方 P73
牛乳と小麦粉、バターで作ったソース。

●**野菜スープ** ➡作り方 P19
にんじん、たまねぎなどからとったスープ。

●**塩**
ほんのりと味がつく程度を使用。

●**しょうゆ**
少量を使用。

●**サラダ油**
炒め用に使用。

●**カレー粉**
香りづけにごく少量を使う。

# 1日め

Point! 彩りもよく食欲増進

軟飯 主食
じゃがいものチーズ和え 副菜
鶏もも肉とパプリカのトマト煮 主菜

## 軟飯

●軟飯 90g

軟飯に水少々をふり、電子レンジで50秒〜1分加熱してよく混ぜる。

## 鶏もも肉とパプリカのトマト煮

●鶏もも肉 20g ＋ ●パプリカ 20g ＋ ●トマトソース 大さじ1 ●水 大さじ1

❶鶏もも肉、パプリカ、トマトソースに水少々をふり、それぞれ電子レンジで20〜30秒加熱する。
❷鍋に①と水を入れ、煮る。

## じゃがいものチーズ和え

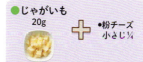
●じゃがいも 20g ＋ ●粉チーズ 小さじ¼

❶じゃがいもに水少々をふり、電子レンジで20〜30秒加熱する。
❷①を粉チーズで和える。

---

1歳〜1歳半

## 軟飯（上段参照）

## まぐろの照り焼き

●まぐろ 20g

まぐろに水少々をふり、電子レンジで20〜30秒加熱する。

## かぶの葉ときのこのみそ汁

●きのこ 10g ＋ ●かぶの葉 5g ＋ ●だし汁 ½カップ ●みそ 小さじ½

鍋にだし汁を煮立て、きのこ、かぶの葉を入れ、再び煮立ったら、みそを溶き入れる。

# 2日め

軟飯 主食
かぶの葉ときのこのみそ汁 副菜
まぐろの照り焼き 主菜

## 3日め

かぶの葉のスープ 副菜

Point!
ホワイトソースで簡単ドリア

鶏肉ときのこのドリア 主食

### 鶏肉ときのこのドリア

- ホワイトソース 大さじ2
- 粉チーズ 小さじ½

❶ 軟飯に水少々をふり、電子レンジで50秒～1分加熱する。
❷ 鶏もも肉、きのこ、ホワイトソースに水少々をふり、それぞれ電子レンジで20～30秒加熱し、混ぜ合わせる。
❸ 耐熱容器に軟飯を入れ、その上に❷をのせ、粉チーズをふって、トースターで焼き色がつくまで焼く。

### かぶの葉のスープ

●かぶの葉 10g
- 野菜スープ ½カップ
- 塩 少々

鍋に野菜スープを煮立て、かぶの葉を入れ、再び煮立ったら、塩で味を調える。

---

### 豚ひき肉、きのこ、ほうれん草の煮込みうどん

- だし汁 ½カップ
- しょうゆ 小さじ½

鍋にだし汁を煮立て、材料をすべて入れ、煮る。

### 桃

●桃（缶詰）20g　ひと口大に切る。

## 4日め

豚ひき肉、きのこ、ほうれん草の煮込みうどん 主食

桃 副菜

# 5日め

軟飯 主食
かぶとわかめのスープ 副菜
じゃがいも入りオムレツ 主菜

## 軟飯（P105参照）

## じゃがいも入りオムレツ

●じゃがいも 20g ＋ ●卵 ⅔個 ●サラダ油 小さじ½

1 じゃがいもに水少々をふり、電子レンジで20～30秒加熱する。
2 溶いた卵と①を合わせてよく混ぜる。
3 フライパンにサラダ油を中火で熱し、②を流し入れ、形を整えながら焼く。

## かぶとわかめのスープ

●かぶ 20g ＋ ●カットわかめ 少々 ●野菜スープ ½カップ ●塩 少々

鍋に野菜スープ、かぶ、わかめを入れ、煮立ったら、塩で味を調える。

---

1歳～1歳半

## まぐろとかぶの煮込みうどん

●うどん 100g ＋ ●まぐろ 20g ＋ ●かぶ 20g ＋ ●だし汁 ½カップ ●みそ 小さじ¼

鍋にだし汁を煮立て、材料をすべて入れ、煮る。

## ほうれん草のおかか和え

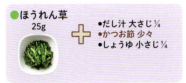

●ほうれん草 25g ＋ ●だし汁 大さじ¼ ●かつお節 少々 ●しょうゆ 小さじ¼

1 ほうれん草にだし汁をふり、電子レンジで20～30秒加熱する。
2 ①をかつお節、しょうゆで和える。

# 6日め

まぐろとかぶの煮込みうどん 主食
ほうれん草のおかか和え 副菜

## 7日め

- 軟飯 [主食]
- じゃがいもスープ [副菜]
- 豚ひき肉とパプリカのカレー粉炒め [主菜]

Point! カレー粉で味にアクセント

### 軟飯（P105参照）

### 豚ひき肉とパプリカのカレー粉炒め

- ●豚ひき肉 20g
- ●パプリカ 20g
- ●野菜スープ 大さじ1
- ●カレー粉 少々

1. 豚ひき肉に野菜スープをふり、電子レンジで20〜30秒加熱する。
2. パプリカに水少々をふり、電子レンジで20〜30秒加熱する。
3. フライパンに①と②を入れ、カレー粉を加えて炒める。

### じゃがいもスープ

- ●じゃがいも 20g
- ●野菜スープ ½カップ
- ●塩 少々

鍋に野菜スープを煮立て、じゃがいもを入れ、再び煮立ったら、塩で味を調える。

---

パクパク期
1歳〜1歳半ごろ
Q&A

### Q おやつはどんなものがいいでしょうか？

**A 糖分や油分の多いお菓子でなく、果物やいも類、おにぎりなどを。**

大人にとってのおやつは「嗜好品」の位置づけですが、赤ちゃんにとっては「補食」になります。補食とは、食事で足りなかった分のエネルギーを補うこと。赤ちゃんは一度の食事で得られる量が少ないため、1日3回ではエネルギー不足となり、おやつで補う必要が出てくるわけです。3回食が定着し、食事と食事の間が空く場合に、おやつを与えるようにします。目安としては午前10時、午後3時ごろがよいでしょう。離乳食をあまり食べないようであればおやつは控えて。

### Q 食べるのを嫌がる食材が出てきました。

**A マンネリになりやすい時期。変化をもたせてみて。**

この時期の赤ちゃんは味覚による好き嫌い、というよりは舌触りがいいか悪いか、というレベルで特定の食材を嫌がることがあります。とろみをつけてみたり、よく食べる食材に混ぜ合わせて食べさせてみるのも一つの手段です。同じようなメニューが続くと、中だるみが起こるのもこの時期。マンネリになってきたら、味つけや調理法で変化をつけてみて。

# 7~12週めの献立

**カミカミ期 1歳～1歳半ごろ**

たんぱく質食材に、さばやえびなども取り入れていきます。

## ＼用意する食材はコレ！／

### 炭水化物

**スパゲッティ** 80g×2回分 ➡P98

**軟飯** 90g×5回分 ➡P98

### ビタミン・ミネラル

**かぼちゃ** 30g×4回分 ➡P100

**にんじん** 15g×3回分 ➡P99

**おかひじき** 30g×2回分 ➡P99

**かぶの葉** 5g×2回分 ➡P100

**かぶ** 40g×1回分 ➡P100

### たんぱく質

**さば（ソテー）** 20g×2回分 ➡P101

**豚赤身肉** 20g×2回分 ➡P102

**えび** 15g×2回分 ➡P101

### 常備食材

**ツナ缶** 20g×1回分
油漬けタイプは使えない。

**トマトジュース** ½カップ×1回分、⅛カップ×1回分
食塩無添加タイプを使う。

**豆腐** 10g×1回分、20g×1回分
なめらかな舌触りの絹ごし豆腐を使う。

**青のり** 少々×1回分
細かくなっているので消化にもよい。

**卵** ¼個×1回分
しっかりと火を通す。

**かたくり粉** 適量
同量の水で溶いた水溶きかたくり粉が混ぜ合わせやすく便利。

### 調味料・油

- **野菜スープ** ➡作り方P19
  にんじん、たまねぎなどからとったスープ。
- **塩**
  塩分も入っているので、少量を使用。
- **だし汁** ➡作り方P19
  こんぶからとった和風だし。
- **みそ**
  ほんのりと味がつく程度に少量を使用。
- **しょうゆ**
  少量を使用。
- **サラダ油**
  炒め用に使用。
- **ホワイトソース** ➡作り方P73
  牛乳と小麦粉、バターで作ったソース。
- **トマトソース** ➡作り方P73
  トマトとたまねぎなどで作ったソース。
- **酢**
  ごく少量、味に変化をつけるために使用。
- **砂糖**
  和え物に使用。

> **管理栄養士からのアドバイス**
> えびやかになどの甲殻類はアレルギーが心配なので、初めて食べるときはよく加熱し、少量与えて様子を見ましょう。

# 1日め

にんじんトマトの冷たいスープ 副菜

ツナとかぼちゃのパスタ 主食

Point! ジュースみたいで飲みやすい！

## ツナとかぼちゃのパスタ

● スパゲッティ 80g ＋ かぼちゃ 20g ＋ ・野菜スープ 大さじ2 ・ツナ缶 20g ・塩 少々

1. スパゲッティに野菜スープをふり、電子レンジで20〜30秒加熱する。
2. かぼちゃに水少々をふり、電子レンジで20〜30秒加熱する。
3. ①と②、ツナを混ぜ合わせ、塩で味を調える。

## にんじんトマトの冷たいスープ

● にんじん 10g ＋ ・トマトジュース ½カップ

1. にんじんに水少々をふり、電子レンジで20〜30秒加熱する。
2. ①とトマトジュースを合わせる。

## 軟飯

● 軟飯 90g

軟飯に水少々をふり、電子レンジで50秒〜1分加熱してよく混ぜる。

## さばソテー

● さば（ソテー）20g ＋ ● にんじん 10g

さば、にんじんに水少々をふり、それぞれ電子レンジで20〜30秒加熱する。

## おかひじきのみそ汁

● おかひじき 20g ＋ ・だし汁 ½カップ ・みそ 小さじ¼

鍋にだし汁を煮立て、おかひじきを入れ、再び煮立ったら、みそを溶き入れる。

# 2日め

おかひじきのみそ汁 副菜

軟飯 主食

さばソテー 主菜

# 3日め

豆腐の
みそ汁 副菜

軟飯 主食

豚肉かぼちゃ 主菜

## 軟飯（P110参照）

## 豚肉かぼちゃ

- ●豚赤身肉 20g
- ●かぼちゃ 20g
- ●だし汁 大さじ1
- ●しょうゆ 小さじ¼

1. 豚赤身肉にだし汁をふり、電子レンジで20〜30秒加熱する。
2. かぼちゃに水少々をふり、電子レンジで20〜30秒加熱する。①と混ぜ、しょうゆで味を調える。

## 豆腐のみそ汁

- ●豆腐 10g
- ●だし汁 ½カップ
- ●みそ 小さじ¼
- ●青のり 少々

1. 豆腐を5mm角のさいの目に切る。
2. 鍋にだし汁を煮立て、①を入れ、再び煮立ったら、みそを溶き入れる。
3. 青のりをふる。

---

# 4日め

Point! えびのうま味が口に広がる！

えびと
おかひじきの
雑炊 主食

にんじんと卵の
炒め物 副菜

## えびとおかひじきの雑炊

- ●軟飯 90g
- ●おかひじき 30g
- ●えび 15g
- ●だし汁 ½カップ
- ●みそ 小さじ¼

鍋にだし汁を煮立て、材料をすべて入れ、煮る。

## にんじんと卵の炒め物

- ●にんじん 15g
- ●サラダ油 少々
- ●卵 ¼個
- ●しょうゆ 小さじ¼
- ●だし汁 小さじ1

1. にんじんに水少々をふり、電子レンジで20〜30秒加熱する。
2. フライパンにサラダ油を熱し、①を炒め、溶いた卵をまわし入れ、しょうゆ、だし汁を入れてからめる。

1歳〜1歳半

# 5日め

えびとかぶの葉
クリームパスタ 主食

かぼちゃの
トマトジュース煮 副菜

## えびとかぶの葉クリームパスタ

＋ ●ホワイトソース 大さじ1

スパゲッティ、えび、かぶの葉、ホワイトソースに水少々をふり、それぞれ電子レンジで20～30秒加熱して、混ぜ合わせる。

## かぼちゃのトマトジュース煮

① かぼちゃに水少々をふり、電子レンジで20～30秒加熱する。
② ①にトマトジュースを加え、電子レンジで10～20秒加熱してよく混ぜる。

## 軟飯（P110参照）

## 豚肉豆腐煮

● 豚赤身肉 20g
＋
● 豆腐 20g
● だし汁 大さじ2
● しょうゆ 小さじ¼
● 水溶きかたくり粉 少々

① 豆腐は1cm角のさいの目に切る。
② 豚赤身肉に水少々をふり、電子レンジで20～30秒加熱する。
③ 鍋に①、②、だし汁、しょうゆを入れて温め、水溶きかたくり粉を加えて、とろみがつくまで煮る。

## かぶのみそ汁

● かぶ 40g ＋ ● かぶの葉 5g ＋ ● だし汁 ½カップ
● みそ 小さじ¼

鍋にだし汁を煮立て、かぶとかぶの葉を入れ、再び煮立ったら、みそを溶き入れる。

# 6日め

軟飯 主食

かぶのみそ汁 副菜
豚肉豆腐煮 主菜

# 7日め

軟飯 主食

さばソテーの
トマトソースがけ 主菜

Point!
お酢も少しずつ
慣らして

かぼちゃの
サラダ 副菜

### 軟飯（P110参照）

### さばソテーのトマトソースがけ

- さば（ソテー）20g
- トマトソース 大さじ1

① さばとトマトソースに水少々をふり、それぞれ電子レンジで20〜30秒加熱する。
② さばにトマトソースをかける。

### かぼちゃのサラダ

- かぼちゃ 20g
- 酢 小さじ½
- 塩 少々
- 砂糖 小さじ¼

① かぼちゃに水少々をふり、電子レンジで20〜30秒加熱する。
② ①を酢と塩と砂糖で和える。

パクパク期

## 1歳〜1歳半ごろ Q&A

**Q 麦茶や湯ざましばかり飲んで食が進まない…。**

**A 食事中に出すのはやめて食後に飲ませるようにします。**

食事中に麦茶や湯ざましばかり飲んでしまって離乳食を食べなくなってしまうのは栄養面で心配です。水分に気をとられすぎるようであれば食事中に出すのはやめて、食後に飲ませるようにしましょう。お腹が空いていれば、食事をとりますし、口の中がパサパサするようであれば、スープやみそ汁などから水分を取るようにするとよいでしょう。食後に麦茶や湯ざましを飲むようにすれば、口の中の菌が洗い流され、虫歯になりにくくなるので、おすすめです。

**Q 離乳食期の水分は何を与えればいいですか？**

**A ジュースや糖分が含まれている飲み物ではなく、麦茶や湯ざましを飲みましょう。**

赤ちゃんに与える水分は、麦茶や湯ざましなどがいいでしょう。麦茶や湯ざましなどで水分を補給できれば、外出先でも水分を補給しやすくなりますし、ストローを使ったりコップを使う練習にもなり、とても大切でいいことです。また、口の中の菌を洗い流す効果もあります。夜の授乳も麦茶に変えることができれば、卒乳もスムーズにできるようになるでしょう。

# 13〜18週めの献立

軟飯から大人と同じご飯に。薬味もほんの少しずつ入れて。

パクパク期
1歳〜1歳半ごろ

## 用意する食材はコレ！

### 炭水化物

**ご飯** 80g×5回分 →P98

**うどん** 100g×2回分 →P98

### ビタミン・ミネラル

**さつまいも** 30g×3回分 →P100

**かぶ** 30g×2回分 →P100

**にんじん** 20g×2回分 →P99

**小ねぎ** 少々×2回分 →P99

**チンゲン菜** 30g×3回分 →P99

**きのこ** 10g×2回分 →P99

### たんぱく質

**かじき** 20g×3回分 →P101

**牛赤身肉** 20g×2回分 →P101

**鶏もも肉** 20g×1回分 →P102

**管理栄養士からのアドバイス**

ねぎやセロリ、三つ葉、大葉、パセリなどの香味野菜は、赤ちゃんが嫌がらなければ、少量なら与えてもOK！

### 常備食材

**牛乳** ½カップ×1回分
1歳以降はそのまま飲んでもよい。

**あさり缶** 20g×1回分
1歳以降に、細かく刻んで与える。汁にもうま味や栄養分が含まれている。

**オレンジ**
大さじ1×1回分、20g×1回分
薄皮はむいて使う。

**カットわかめ** 少々×1回分
乾燥タイプ。塩蔵わかめは塩分が強いので使わない。

**かたくり粉** 適量
同量の水で溶いた水溶きかたくり粉が混ぜ合わせやすく便利。

### 調味料・油

- **だし汁** →作り方 P19
こんぶからとった和風だし。

- **みそ**
ほんのりと味がつく程度に少量を使用。

- **しょうゆ**
少量を使用。

- **砂糖**
ごく少量を使用。

- **トマトソース** →作り方 P73
トマトとたまねぎなどで作ったソース。

- **塩**
ほんのりと味がつく程度を使用。

- **ホワイトソース** →作り方 P73
牛乳と小麦粉、バターで作ったソース。

- **サラダ油**
炒め用に使用。

# 1日め

ご飯 主食　かぶ煮 副菜

かじきのソテー さつまいも添え 主菜

## ご飯

●ご飯 80g

ご飯に水少々をふり、電子レンジで50秒～1分加熱する。

## かじきのソテー さつまいも添え

●かじき 20g ＋ ●さつまいも 10g

かじきとさつまいもに水少々をふり、それぞれ電子レンジで20～30秒加熱する。

## かぶ煮

●かぶ 30g ＋ ・だし汁 大さじ2 ・みそ 小さじ¼ ・水溶きかたくり粉 少々

❶かぶに水少々をふり、電子レンジで20～30秒加熱する。
❷鍋に①、だし汁、みそを入れて温め、水溶きかたくり粉を加えて、とろみがつくまで煮る。

---

1歳～1歳半

## ご飯（上段参照）

## 牛すき煮

●牛赤身肉 20g ＋ ●にんじん 10g ＋ ●小ねぎ 少々 ＋ ・だし汁 大さじ2 ・しょうゆ 小さじ⅛ ・砂糖 小さじ⅛ ・水溶きかたくり粉 少々

❶牛赤身肉、にんじん、小ねぎに水少々をふり、それぞれ電子レンジで20～30秒加熱する。
❷鍋に①とだし汁、しょうゆ、砂糖を入れて煮て、水溶きかたくり粉でとろみをつける。

## チンゲン菜のみそ汁

●チンゲン菜 30g ＋ ・だし汁 ½カップ ・みそ 小さじ¼

鍋にだし汁を煮立て、チンゲン菜を入れ、再び煮立ったら、みそを溶き入れる。

# 2日め

チンゲン菜のみそ汁 副菜
ご飯 主食
牛すき煮 主菜

Point! ご飯に混ぜても！

115

3日め

きのこポタージュ 副菜
ご飯 主食
かじきのトマト煮 主菜

## ご飯（P115参照）

## かじきのトマト煮

● かじき 20g
＋
・トマトソース 大さじ1
・水 大さじ1

❶ かじきとトマトソースに水少々をふり、それぞれ電子レンジで20〜30秒加熱する。
❷ 鍋に①と水を入れ、煮る。

## きのこポタージュ

● きのこ 10g
＋
・牛乳 ½カップ
・塩 少々

❶ 鍋に牛乳を煮立て、きのこを入れ、煮る。
❷ ①をミキサーに入れて撹拌し、塩で味を調える。

## あさりチンゲン菜うどん

● うどん 100g ＋ ● チンゲン菜 30g ＋
・あさり缶の身 20g
・あさり缶の汁 大さじ1
・だし汁 ½カップ

鍋にだし汁を煮立て、材料をすべて入れ、煮る。

## さつまいものオレンジ煮

● さつまいも 30g
＋
・オレンジの果汁 大さじ1

さつまいもにオレンジの果汁をふり、電子レンジで20〜30秒加熱してよく混ぜる。

4日め

さつまいものオレンジ煮 副菜

Point!
缶詰なら調理も楽チン！

あさりチンゲン菜うどん 主菜

116

## 5日め

ご飯 主食

鶏もも肉とかぶの煮物 主菜

さつまいもとわかめのみそ汁 副菜

### ご飯（P115参照）

### 鶏もも肉とかぶの煮物

● かぶ 30g ＋ 鶏もも肉 20g ＋ ・だし汁 大さじ2 ・塩 少々 ・水溶きかたくり粉 少々

1. かぶと鶏もも肉に水少々をふり、それぞれ電子レンジで20～30秒加熱する。
2. 鍋に①とだし汁、塩を入れて煮て、水溶きかたくり粉でとろみをつける。

### さつまいもとわかめのみそ汁

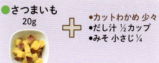

● さつまいも 20g ＋ ・カットわかめ 少々 ・だし汁 ½カップ ・みそ 小さじ¼

鍋にみそ以外の材料を入れ、煮る。煮立ったら、みそを溶き入れる。

---

## 6日め

ご飯 主食

オレンジ 副菜

かじきとチンゲン菜のクリームシチュー 主菜

### ご飯（P115参照）

### かじきとチンゲン菜のクリームシチュー

● チンゲン菜 30g ＋ かじき 20g ＋ ・ホワイトソース 大さじ2 ・水 大さじ2 ・塩 少々

1. チンゲン菜、かじき、ホワイトソースに水少々をふり、それぞれ電子レンジで20～30秒加熱する。
2. 鍋に①と水を入れ、煮る。塩で味を調える。

### オレンジ

・オレンジ 20g

オレンジの薄皮は取り除き、ひと口大に切る。

**1歳～1歳半**

7日め

にんじんと小ねぎのみそ汁 副菜

牛肉ときのこの焼きうどん 主食

Point! みじん切りのきのこがからむ！

## 牛肉ときのこの焼きうどん

●うどん 100g ＋ ●牛赤身肉 20g ＋ ●きのこ 5g ＋ ・サラダ油 少々 ・しょうゆ 小さじ½

1. うどんに水をふり、電子レンジで40〜50秒加熱する。牛赤身肉ときのこに水少々をふり、それぞれ電子レンジで20〜30秒加熱する。
2. フライパンにサラダ油を熱し、①にしょうゆを加え、炒める。

## にんじんと小ねぎのみそ汁

●にんじん 20g ＋ ●小ねぎ 少々 ＋ ・だし汁 ½カップ ・みそ 小さじ¼

鍋にだし汁を煮立て、にんじんと小ねぎを入れ、再び煮立ったら、みそを溶き入れる。

---

パクパク期
**1歳〜1歳半ごろ**
Q&A

**Q いつごろからスプーンやフォークを使えるようになりますか？**

**A 手づかみ食べと並行してスプーンの練習も。**

手づかみ食べが始まったら赤ちゃん用のスプーンを用意します。はじめは大人がそのスプーンで2、3口食べさせます。次にそのスプーンに食べ物をのせて赤ちゃんに持たせ、口に運ばせてみましょう。はじめから器用に使える赤ちゃんはいません。たくさんの失敗を重ねながら、口までの距離感やスプーンの盛り方などがわかるようになるのです。個人差はありますが、離乳食完了期には食べられるようになることが多いです。多少遅くても気にすることはありません。

**Q 手づかみで食べようとします。スプーンやフォークで食べさせたほうがいい？**

**A 手づかみ食べをたくさん経験させて。スプーンやフォークが使えなくても大丈夫です。**

まず、「食べたい！」という意欲を育てるためにも手づかみ食べをたくさん経験させてあげましょう。赤ちゃんの「食べたい！」という意欲が高まると、手づかみ食べが活発になります。手づかみ食べは、自分が食べたいものを選び、自分で食べるペースを作ることができるようになるうえ、食べ物の温度や感触などを知ることができる大切な手段です。

大人の分と一緒に作る

# 便利な取り分けレシピ

大人の食事からでも、離乳食にアレンジすることができます。ふだんの食事作りのついでにできて助かります。

※すべて電子レンジで解凍

## タネを大小に丸めて
### ハンバーグ

離乳食用には小さいハンバーグに、赤ちゃん用ケチャップをかけて。

**材料**（作りやすい分量）
合びき肉 250g
たまねぎ ¼個
パン粉 大さじ3
牛乳 大さじ2
サラダ油 大さじ½

 1個ずつラップで包んで冷凍

1. たまねぎはみじん切りにし、電子レンジで30秒加熱して冷ます。
2. 合びき肉に①、パン粉、牛乳を混ぜて、よくこねる。大小の小判形に丸める。
3. フライパンにサラダ油を熱し、両面を焼く。

## 材料とマヨネーズの量を変えて
### ポテトサラダ

離乳食用には①のじゃがいも、②のにんじんを合わせて混ぜ、マヨネーズ少々で調味する。

**材料**（作りやすい分量）
じゃがいも 2個
にんじん 3cm
いんげん 2本
ハム 1枚
マヨネーズ 大さじ1⅓
粗挽きこしょう 少々

小分け容器で冷凍

1. じゃがいもはひと口大に切ってゆでる。離乳食用に半分とり、マッシュする。
2. にんじんは5mm幅のいちょう切りにしゆでる。離乳食用に少々とっておく。
3. いんげんはゆでて斜め切りにし、ハムは短冊切りにする。
4. ①のひと口大のじゃがいも、②、③を合わせて混ぜ、マヨネーズとこしょうで調味する。

## 身をほぐして食べやすく
### あじの塩焼き

離乳食用には、身をほぐし、塩のかかっていない部分を取る。

**材料**（1尾分）
あじ 1尾
塩 小さじ⅛

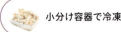 小分け容器で冷凍

1. あじのうろこ、えら、ぜいごを取り、腹に5cmほど切り目を入れ、わたを出す。水洗いし、キッチンタオルで水けを拭きとる。
2. 塩をふり、魚焼きグリルで約10分焼く。

## 薄味に作って切り分けて
### スパニッシュオムレツ

離乳食用には8分の1を食べやすく切る。

**材料**（作りやすい分量）
卵 2個
じゃがいも（冷凍）20g
ブロッコリー（冷凍）20g
塩 少々
サラダ油 小さじ1

 1個ずつラップで包んで冷凍

1. 冷凍してあるじゃがいも、ブロッコリーに水少々をふり、それぞれ電子レンジで20〜30秒加熱する。
2. 溶いた卵に①を入れ、塩を加え、混ぜる。
3. フライパンにサラダ油を熱し、オムレツの形に焼く。

1歳〜1歳半

# 19〜24週めの献立

いよいよ離乳食もゴールが見えてきて、幼児食に近づきます。

パクパク期
1歳〜1歳半ごろ

## 用意する食材はコレ！

### 炭水化物

 ご飯 80g×5回分 →P98

### ビタミン・ミネラル

 チンゲン菜 40g×3回分 →P99

 小ねぎ 少々×3回分 →P99

 ブロッコリー 45g×2回分 →P99

 きのこ 5g×2回分 →P99

### たんぱく質

 さば（塩焼き） 20g×2回分 →P101

 鶏もも肉 20g×2回分 →P102

 豚赤身肉 20g×2回分 →P102

## ＋

### 常備食材

 豆腐 30g×2回分
なめらかな舌触りの絹ごし豆腐を使う。

 ロールパン 25g×2回分
手づかみ食べにも適する。

 粉チーズ 小さじ½×2回分
塩分が含まれているので、使いすぎに注意。

 アボカド 20g×2回分
1歳過ぎてから、少量を使用。コクが出る。

 ミニトマト 25g×1回分、45g×1回分
皮をむいて使う。

 卵 ½個×1回分
しっかりと火を通す。

 カットわかめ 少々×1回分
乾燥タイプ。塩蔵わかめは塩分が強いので使わない。

### 調味料・油

- **だし汁** →作り方P19
  こんぶからとった和風だし。
- **みそ**
  ほんのりと味がつく程度に少量を使用。
- **マヨネーズ**
  油分が多いので味つけ程度に少量を使用。
- **しょうゆ**
  少量を使用。
- **野菜スープ** →作り方P19
  にんじん、たまねぎなどからとったスープ。
- **ねりごま**
  油脂が多いので少量を使用。
- **砂糖**
  ごく少量を使用。
- **オリーブ油**
  サラダ油より酸化しにくいオリーブ油を。
- **ホワイトソース** →作り方P73
  牛乳と小麦粉、バターで作ったソース。
- **サラダ油**
  炒め用に使用。
- **オイスターソース**
  コクが出る。ごく少量を使用。

管理栄養士からのアドバイス

ミニトマトやぶどうなど丸形でツルンとした食材は、喉に詰まりやすいので、必ずカットしてから与えるようにしましょう。

## 1日め

### ご飯

●ご飯 80g

ご飯に水少々をふり、電子レンジで50秒〜1分加熱する。

### 焼きさば

●さば（塩焼き） 20g

さばに水少々をふり、電子レンジで20〜30秒加熱する。

### チンゲン菜と豆腐のみそ汁

●チンゲン菜 20g ＋ ●豆腐 30g ・だし汁 ½カップ ・みそ 小さじ¼

❶豆腐は1cm角のさいの目に切る。
❷鍋にだし汁を煮立て、チンゲン菜と豆腐を入れ、再び煮立ったら、みそを溶き入れる。

### パン

●ロールパン 25g

5mm幅にスライスする。

### ゆで鶏肉

●鶏もも肉 20g

鶏もも肉に水少々をふり、電子レンジで20〜30秒加熱する。

### ブロッコリーの粉チーズ和え

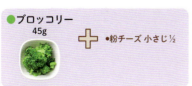
●ブロッコリー 45g ＋ ●粉チーズ 小さじ½

❶ブロッコリーに水少々をふり、電子レンジで20〜30秒加熱する。
❷①を粉チーズで和える。

1歳〜1歳半

## 2日め

121

## 3日め

ご飯 主食

ミニトマトとチンゲン菜のスープ 副菜

豚肉のアボカド和え 主菜

Point! アボカドでなめらかに

### ご飯（P121参照）

### 豚肉のアボカド和え

- 豚赤身肉 20g
+
- アボカド 20g
- マヨネーズ 小さじ⅙
- しょうゆ 少々

① 豚赤身肉に水少々をふり、電子レンジで20～30秒加熱する。
② ①を、ざく切りにしたアボカド、マヨネーズ、しょうゆで和える。

### ミニトマトとチンゲン菜のスープ

- チンゲン菜 20g
+
- ミニトマト 25g
- 野菜スープ ½カップ
- 塩 少々

① ミニトマトは皮をむいて¼にカットする。
② 鍋に野菜スープを煮立て、①とチンゲン菜を入れ、再び煮立ったら、塩で味を調える。

---

## 4日め

ご飯 主食

ブロッコリーのごま和え 副菜

さばのみそ煮 主菜

### ご飯（P121参照）

### さばのみそ煮

- さば（塩焼き） 20g
+

- 小ねぎ 少々
+

- だし汁 大さじ1
- みそ 小さじ¼

① さばに水少々をふり、電子レンジで20～30秒加熱する。
② 鍋に①、だし汁、みそを入れ、煮る。小ねぎをふる。

### ブロッコリーのごま和え

- ブロッコリー 45g
+
- ねりごま 小さじ¼
- しょうゆ 小さじ⅙
- 砂糖 少々

① ブロッコリーに水少々をふり、電子レンジで20～30秒加熱する。
② ①をごま、しょうゆ、砂糖で和える。

# 5日め

チキンオムレツ 主菜
きのこの
スープ 副菜
パン 主食

Point!
ロールパンを
スライスして

## パン

- ●ロールパン 25g

5mm幅にスライスする。

## チキンオムレツ

 鶏もも肉 20g ＋ ●オリーブ油 小さじ½ ●塩 少々 ●卵 ½個

① 鶏もも肉に水少々をふり、電子レンジで20～30秒加熱する。
② フライパンにオリーブ油を熱し、①を炒め、塩を加えて溶いた卵を流し入れ、オムレツ形にする。

## きのこのスープ

 きのこ 5g ＋  小ねぎ 少々 ＋ ●野菜スープ ½カップ ●塩 少々

鍋に野菜スープを煮立て、きのこと小ねぎを入れ、再び煮立ったら、塩で味を調える。

---

**1歳～1歳半**

## ご飯（P121参照）

## 豚肉ときのこのアボカドグラタン

 豚赤身肉 20g ＋  きのこ 5g ＋ ●ホワイトソース 大さじ1 ●アボカド 20g ●粉チーズ 小さじ½

① 豚赤身肉、きのこ、ホワイトソースに水少々をふり、電子レンジで20～30秒加熱する。
② ①と5mm幅のいちょう切りにしたアボカドを混ぜ合わせて耐熱皿に入れ、粉チーズをふり、トースターで焼く。

## ミニトマトサラダ

- ●ミニトマト 45g
- ●オリーブ油 少々
- ●砂糖 少々
- ●塩 少々

ミニトマトを4等分に切って、オリーブ油、砂糖、塩で和える。

---

# 6日め

ご飯 主食
ミニトマト
サラダ 副菜
豚肉ときのこの
アボカド
グラタン 主菜

Point!
手づかみでも
食べやすい

## 7日め

ご飯 主食

小ねぎとわかめの
みそ汁 副菜

チンゲン菜の
ソテー 副菜

豆腐ステーキ 主菜

### 豆腐ステーキ

- 豆腐 30g
- サラダ油 小さじ¼
- オイスターソース 小さじ¼
- 水 小さじ½

① フライパンにサラダ油を熱し、7〜8mm厚さに切った豆腐をソテーする。
② オイスターソースと水を合わせ、豆腐にからめる。

### チンゲン菜のソテー

●チンゲン菜 40g ＋ ・サラダ油 小さじ¼

① チンゲン菜に水少々をふり、電子レンジで20〜30秒加熱する。
② フライパンにサラダ油を熱し、炒める。

### 小ねぎとわかめのみそ汁

●小ねぎ 少々 ＋ ・カットわかめ 少々
・だし汁 ½カップ
・みそ 小さじ¼

鍋にだし汁、小ねぎ、わかめを入れ、煮立ったら、みそを溶き入れる。

---

幼児食へ

パクパク期から

## ステップアップの目安

赤ちゃんに下のような様子が出てきたら、次のステップへ移るサインです。項目をチェックしてみましょう。

### 食材のかたさと大きさは？

「やわらかく炊いたご飯」をしっかりと歯ぐきでかみ、飲み込むことができていれば、幼児食へ。

### あげる量は？

1回にご飯を80g、ビタミン・ミネラル食材を40〜50g、たんぱく質食材を20g食べて、おやつが1〜2回なら十分。

### 食べる回数は？

朝、昼、夕の3回食＋おやつ1〜2回を、しっかり食べているようであればOK。体重が増えていれば卒乳しましょう。

### 赤ちゃんの様子をチェック

☐ 前歯で食べ物をかみ切ることができる。

☐ 少しやわらかめに炊いたご飯を歯ぐきや歯を使って、かんで食べることができる。

☐ 食事から必要な栄養をとることができている。

☐ 1日3回の離乳食と1〜2回の捕食をしっかり食べられている。

## パクパク期
## 1歳～1歳半ごろ Q&A

**Q** 保育園ではよく食べるのに家では食べてくれません。

**A** お友だちにつられて食べることも。保育園で食べているなら安心！

これは保育園に通わせているママからよく聞くお悩みです。家で作る料理より保育園の食事のほうがおいしいから、と一概に言うわけではありませんから安心してください。保育園では午前中、園庭や公園で思い切り体を動かして遊ぶことが多いため、お昼にはお腹がすきます。また、栄養バランスや塩分摂取量などもきちんと計算したものを出していますから、保育園でたくさん食べてくれるのなら安心してよいでしょう。

**Q** 自分自身に好き嫌いが多いので、家にある食材の種類が少なく、作るメニューもかたよりがちです。

**A** 我が子に好き嫌いをさせたくなければ、なるべくたくさんの食材を取り入れて。

赤ちゃんは周りの人がおいしそうに食べているものは、積極的に口にするようになります。自分の嫌いなものでもなるべく離乳食に使い、赤ちゃんの前では「嫌い」と口にしないようにしましょう。苦手な食材を買うのが嫌であれば、その食材を使ったベビーフードなどで味に親しんでもらうのも一つの手です。「おいしかったからまた食べたい！」という記憶ができて、本当の意味での好き嫌いが出てくるのは3歳くらいからといわれています。その時期までに、たくさんの食材に触れさせてあげましょう。

**Q** 食事に集中せずに、途中でやめて遊び始めたりします。

**A** ママと一緒に座って遊ぶなど、座る動作の習慣づけを。

この時期の赤ちゃんの集中力は1～2分と言われています。なので、座る動作の習慣づけをしていくことが大切です。食事の時間は10分を目安に座れていたらよしとしましょう。動き始めたら、「もうお片づけするよ。いいかな？」と食べる意思を確認し、もし座っていられなければ、その時点で食事をおしまいにしましょう。

**Q** もうそろそろ大人と同じような味つけでもいいですか？

**A** 大人と同じ味つけだとかなり塩分摂取オーバーに。

1日にとってもよい塩分摂取量は、成人男性で8g未満、成人女性で7g未満です。それに対して、この時期の赤ちゃんの塩分摂取量の目安は、1日3～3.5g未満。大人の食事から取り分ける際は、湯通しをして塩分を抜いたり、調味料の分量を少なくするなどの工夫が必要です。また、一度濃い味つけに慣れてしまうと、濃い味を好むようになるので、だしの風味をきかせるなどして、塩分をおさえる工夫をしましょう。

# お助け冷凍主菜 副菜レシピ

食事の用意の間にできる、簡単な主菜、副菜おかずのレシピ。ご飯をそえて献立もラクラク完成！

※すべて電子レンジで解凍

ささみを卵でコーティング

### 主菜 ささみのピカタ

2切れずつラップで包んで冷凍

**材料**
鶏ささみ（筋を取り除いたもの）1本
溶き卵 ½個分
塩 少々
サラダ油 大さじ½

1回の目安量 20g

1. 8枚のそぎ切りにし、塩をふる。
2. フライパンにサラダ油を中火で熱し、溶き卵に①を通して、しっかりと焼く。

---

しらすと卵を一度に

### 主菜 しらす入り卵焼き

1切れずつラップで包んで冷凍

**材料**
卵 2個
しらす 大さじ2
だし汁 大さじ2
サラダ油 適量

1回の目安量 20g

1. 溶いた卵に、だし汁としらすを加え、混ぜる。
2. フライパンにサラダ油を中火で熱し、①を3回に分けて形を整えながらしっかり焼く。

---

小麦粉をまぶして香ばしく

### 主菜 鮭の竜田焼き

2切れずつラップで包んで冷凍

**材料**
生鮭（切り身・骨と皮を取り除いたもの）1切れ
しょうゆ 小さじ½　しょうが汁 少々
小麦粉 少々　　　サラダ油 大さじ½

1回の目安量 20g

1. 8枚のそぎ切りにし、しょうゆ、しょうが汁をなじませ、小麦粉をまぶす。
2. フライパンにサラダ油を中火で熱し、①を焼く。

---

バターでコクを出して

### 主菜 かじきのスティックソテー

2切れずつラップで包んで冷凍

**材料**
かじき（切り身）1切れ
小麦粉 少々
塩 少々
バター 小さじ2

1回の目安量 20g

1. 8つの棒状に切り、塩をふり、小麦粉をまぶす。
2. フライパンにバターを中火で溶かし、①を焼く。

## ツナを加えて洋風に
### 副菜 ひじき煮

4等分して小分け容器で冷凍

**材料**
ひじき 10g　　にんじん（皮をむいたもの）60g
ツナ缶 80g　　だし汁 ひたひた
しょうゆ 小さじ1　砂糖 小さじ1

1回の目安量 40〜50g

① ひじきは戻して細かく刻む。にんじんは1cm長さの細切りにする。
② 鍋に材料をすべて入れ、落しぶたをして煮含める。

---

## 根菜類もしっかりとって
### 副菜 キンピラ

4等分して小分け容器で冷凍

**材料**
ごぼう 100g　　にんじん（皮をむいたもの）60g
サラダ油 大さじ1
●調味料A
　しょうゆ 小さじ½　砂糖 少々
　だし汁 大さじ2

1回の目安量 40〜50g

① ごぼうはささがきにし、にんじんは短冊切りにしてゆでる。
② フライパンにサラダ油を熱し、①を炒め、Aを入れてからめる。

---

## 乾物も取り入れて
### 副菜 切り干し大根煮

4等分して小分け容器で冷凍

**材料**
切り干し大根 20g　油揚げ 1枚
だし汁 ひたひた　しょうゆ 小さじ1
砂糖 小さじ1

1回の目安量 40〜50g

① 切り干し大根は戻して細かく刻む。油揚げは湯通しして細かく刻む。
② 鍋に材料をすべて入れ、落しぶたをして煮含める。

---

## 食べやすく、満足感あり
### 副菜 かぼちゃ煮

4等分して小分け容器で冷凍

**材料**
かぼちゃ（種を取り除いたもの）120g　だし汁 ½カップ
砂糖 小さじ2　　しょうゆ 小さじ½

1回の目安量 40〜50g

① かぼちゃは皮をところどころ切り、ひと口大に切る。
② 鍋に材料をすべて入れ、やわらかくなるまで煮る。

1歳〜1歳半

**著者 牧野直子** (まきの なおこ)

管理栄養士、料理研究家、有限会社スタジオ食代表
大学在学中から栄養指導や教育活動に関わる。NHK『きょうの料理』などのテレビや雑誌、書籍等をはじめ、料理教室、講演会、病院や保健センター等で幅広く活動。わかりやすく、実践しやすい指導をモットーに、生活習慣病や肥満の予防・改善のための食生活指導や栄養指導に携わるほか、健康によく、簡単で、おいしい料理の提案を行っている。著書に『元気塾弁』(女子栄養大学出版部)、『ゆでおき』(主婦の友社)、『2歳からのごはんBOOK』(NHK出版) など多数。

| | |
|---|---|
| 撮影 | 石田健一 |
| スタイリング | 宮嵜夕霞 |
| デザイン | 岡田恵子 (ok design) |
| 取材・文 | 日高良美 |
| イラスト | おおたきょうこ |
| 校正 | 吉川百合江 |
| 調理アシスタント | 徳丸美沙 |
| モデル | 関野功吉 |
| 編集協力 | 時政美由紀 (株式会社マッチボックス) |

## 1週間ラクラク！おいしい！フリージング離乳食

| | |
|---|---|
| 著 者 | 牧野直子 |
| 発行者 | 若松和紀 |
| 発行所 | 株式会社 西東社 |

〒113-0034　東京都文京区湯島2-3-13
http://www.seitosha.co.jp/
営業　03-5800-3120
編集　03-5800-3121〔お問い合わせ用〕
※本書に記載のない内容のご質問や著者等の連絡先につきましては、お答えできかねます。

落丁・乱丁本は、小社「営業」宛にご送付ください。送料小社負担にてお取り替えいたします。
本書の内容の一部あるいは全部を無断で複製 (コピー・データファイル化すること)、転載 (ウェブサイト・ブログ等の電子メディアも含む) することは、法律で認められた場合を除き、著作者及び出版社の権利を侵害することになります。代行業者等の第三者に依頼して本書を電子データ化することも認められておりません。

ISBN 978-4-7916-2671-7